ERNST HESSE

Die Bindung des Gesetzgebers an das Grundrecht des Art. 2 I GG bei der Verwirklichung einer „verfassungsmässigen Ordnung“

Schriften zum Öffentlichen Recht

Band 75

Die Bindung des Gesetzgebers an das Grundrecht des Art. 2 I GG bei der Verwirklichung einer „verfassungsmässigen Ordnung“

Eine Untersuchung über die Rechtsprechung des Bundesverfassungsgerichts zu Art. 2 I GG

Von

Dr. Ernst Hesse

DUNCKER & HUMBLOT / BERLIN

Gedruckt 1968 bei Buchdruckerei Bruno Luck, Berlin 65
Printed in Germany
D 6

Inhaltsverzeichnis

Viertes Kapitel

Versuch der Interpretation der Freiheitsrechte und Freiheitsrechts-Schranken von ihrer Funktion her

Einleitung

I. Gegenstand der Untersuchung

Mit der vorliegenden Arbeit wird der Versuch unternommen, unter besonderer Berücksichtigung der grundlegenden grundrechtsdogmatischen Untersuchung Häberles[1] die — nach der Auffassung des Verfassers — in einen Wandel begriffene Rechtsprechung des Bundesverfassungsgerichts zum Grundrecht auf freie Entfaltung der Persönlichkeit (Art. 2 I GG), insbesondere zum Begriff der „verfassungsmäßigen Ordnung“ seiner Schrankentrias[2] auf eine einheitliche und durchgehende Tendenz zu untersuchen und damit zu der langjährigen Diskussion zu dem Begriff „verfassungsmäßige Ordnung“ in der Schrankentrias des Art. 2 Abs. 1 GG beizutragen.

Es ist immer wieder versucht worden, dem Begriff „verfassungsmäßige Ordnung“ mit Hilfe von Definitionen einen faßbaren Gehalt abzugewinnen[3]. Alle Versuche, den Begriff in irgendeiner Weise zu definieren, um mit Hilfe subtiler Wortfassung seinen wesentlichen Inhalt zu bezeichnen, müssen aber allein aus dem Grunde von zweifelhaftem

---

[1] Peter *Häberle*, Die Wesensgehaltsgarantie des Art. 19 II GG, Karlsruhe 1962.

[2] Vgl. zunächst stellvertretend für die noch zu untersuchende Rechtsprechung das Urteil vom 5. 8. 1966 — 1 BvF 1/61 —, NJW 66, 1651 (Nichtigkeit des Sammlungsgesetzes).

[3] Vgl. im einzelnen: *Nipperdey*, GR IV/2 S. 793; *v. Mangoldt-Klein*, K, S. 182; *Scheuner*, VVDStRL 11, 21: „die wesentlichen Verfassungsgrundsätze“; BGHSt 4, 385 (395); 7, 394 (402): „elementare Verfassungsgrundsätze und die allgemeinen Regeln des Völkerrechts“; OVG Münster, JZ 51, 276 (278): „Grundsätze, von denen das Grundgesetz ausgeht“; ähnlich H. *Peters*, Das Recht auf die freie Entfaltung der Persönlichkeit, S. 49: „Grundlagen unseres Verfassungslebens“ *ders.*, Laun-Festschrift 1953, S. 676: „die Ordnung, auf der das Recht der freien Entfaltung der Persönlichkeit basiert“; *Krüger*, BB 53, 565: „Grundsätze des Grundgesetzes“ (ebenso *Hamann*, Rechtsstaat und Wirtschaftslenkung, S. 65); E. R. *Huber*, Wirtschaftsverwaltungsrecht Bd. I S. 662: „Prinzipien des geschriebenen und des ungeschriebenen Verfassungsrechts, die für die freiheitlich-demokratische Grundordnung der Bundesrepublik wesensbestimmend sind“; weiter gefaßt ist dagegen der Begriff bei *Laufke*, Festschrift für Heinrich *Lehmann* Bd. I S. 176: „nicht nur die allgemeinsten tragenden Strukturprinzipien unseres Verfassungsrechts, zu denen insbesondere auch die sog. Sozialstaatsklausel des Art. 20 GG zu rechnen ist, sondern darüberhinaus die staatliche Grundordnung in ihren wesentlichen Rechtssätzen“ (ähnlich *Wintrich*, Apelt-Festschrift, S. 6); *Uber*, Freiheit des Berufs, S. 52: „Gesetze der Gemeinschaft“; vgl. im übrigen die Nachweise bei *Nipperdey*, GR IV/2, S. 803.

Werte sein, weil der Begriff „verfassungsmäßige Ordnung" seinerseits nur einen Versuch des Verfassungsgebers darstellt, diejenige Ordnung zu definieren, die die Freiheit des Individuums in das soziale Ganze einordnet und damit diese Freiheit selbst begrenzt. Folgerichtig ist der Begriff „verfassungsmäßige Ordnung" in Art. 2 I GG deshalb auch naturgemäß vielen Auslegungen zugänglich; klarer als der zu definierende Begriff kann aber wohl auch eine Definition nicht sein.

Zur Beleuchtung der Problematik seien zunächst zwei einander extrem gegenüberstehende Auffassungen zum Inhalt des Begriffs „verfassungsmäßige Ordnung" dargestellt:

Das Bundesverfassungsgericht hatte es im sog. „Investitionshilfe-Urteil"[4] noch dahingestellt bleiben lassen, ob Art. 2 I GG im Sinne einer allgemeinen Handlungsfreiheit oder als Garantie der persönlichen Freiheit nur in einem „Kernbezirk" der Person zu verstehen sei.

Im sog. „Elfes-Urteil"[5] hat es dann den Art. 2 I GG als das Grundrecht der allgemeinen Handlungsfreiheit ausgelegt, und es hat diese Auffassung auch in seiner weiteren Rechtsprechung zu Art. 2 I GG beibehalten[6].

Zugleich hat es auch auf der *Bindungsseite* des Art. 2 I GG eine Erweiterung vorgenommen und für den Begriff „verfassungsmäßige Ordnung" im „Soweit"-Satz des Art. 2 I GG die folgende Formulierung geprägt:

„Verfassungsmäßige Ordnung im Sinne des Art. 2 Abs. 1 GG ist die verfassungsmäßige Rechtsordnung, d. h. die Gesamtheit der Normen, die formell und materiell der Verfassung gemäß sind[7]."

Das Gericht hat es für erforderlich gehalten, das im Sinne der allgemeinen Handlungsfreiheit verstandene Grundrecht des Art. 2 I GG durch einen allgemeinen Verfassungsvorbehalt zugunsten *jedes* verfassungsmäßigen Gesetzes zu begrenzen. Diese Auffassung, nämlich daß eine Erweiterung des Grundrechts auf der Freiheitsseite folgerichtig auch zu einer entsprechenden Erweiterung auf der Bindungsseite des Grundrechts, und zwar zu einem allgemeinen Verfassungsvorbehalt zur Folge haben müsse, wird auch im Schrifttum vertreten[8].

---

[4] BVerfGE 4, 7 (15).

[5] BVerfGE 6, 32 ff.

[6] Vgl. BVerfGE 7, 89 (92); 7, 111 (119); 8, 274 (328); 9, 3 (11); 9, 83 (88); 10, 89 (99); 10, 354 (363); 12, 341 (347).

[7] Vgl. BVerfGE 6, 32 (Leitsatz 3).

[8] *Coing*, BB 54, 141: „Ist die garantierte freie Entfaltung der Persönlichkeit die allgemeine Handlungsfreiheit, so steht sie auch grundsätzlich unter dem Vorbehalt des einfachen Gesetzes"; ebenso v. Mangoldt, K, S. 47 und in der 2. Aufl. *v. Mangoldt-Klein*, K, S. 182.

Dabei muß der Terminus „der Verfassung gemäß“, wie es das Bundesverfassungsgericht in einer seiner jüngsten Entscheidungen[9] klargestellt hat, so verstanden werden, daß das einschränkende Gesetz „formell und inhaltlich mit der Verfassung (*außerhalb*[10] des Art. 2) voll vereinbar sein (vgl. dazu BVerfGE 6, 32 (36 ff., bes. 41) muß“.

Man wird daher dieses Verständnis des Passus „der Verfassung gemäß“ der gesamten Rechtsprechung des Bundesverfassungsgerichts zum Begriff der „verfassungsmäßigen Ordnung“ zugrundelegen müssen. Diese Klarstellung ist, soweit ersichtlich, in der gesamten Rechtsprechung des Gerichts nur noch einmal, nämlich vom Zweiten Senat, vorgenommen worden[11] mit der Formulierung:

„Art. 2 I GG könnte nur dann verletzt sein, wenn das Reugeldgesetz in den Kernbereich der persönlichen Freiheit eingriffe ..., oder wenn es eine freiheitsbeschränkende Regelung enthielte, die aus anderen (also *außerhalb*[12] des Art. 2 liegenden) Gründen der verfassungsmäßigen Ordnung widerspricht (vgl. BVerfGE 6, 32 (41)).“

Diese Rechtsprechung des Bundesverfassungsgerichts muß grundsätzlich so verstanden werden, daß die Verfassungsmäßigkeit eines Gesetzes nicht an dem Grundrecht des Art. 2 I GG selbst zu messen ist[13].

Gegen dieses Verständnis des Verhältnisses von Grundrecht und grundrechtsbegrenzenden Gesetz wird eingewandt, es verurteile das Grundrecht zum „Leerlaufen“[14] und wandle es in den bloßen Vorbehalt des Gesetzes um[15]. Tatsächlich bestehen Bedenken gegen eine Auffas-

---

[9] BVerfGE 17, 306 (313), sog. Mitfahrerzentralen-Urteil.

[10] Kursiv v. Verf.

[11] Vgl. BVerfGE 9, 137 (146).

[12] Kursiv vom Verf.

[13] *Ehmke*, VVDStRL 20, 84, beruft sich für seine abweichende Meinung zu Unrecht auf Äußerungen des Gerichts, nach denen es einen „letzten unantastbaren Bereich menschlicher Freiheit (gibt), der der Einwirkung der gesamten öffentlichen Gewalt entzogen ist“ (BVerfGE 6, 32 [41]; 6, 389 [433]). Diese Formulierung findet sich außer in den von *Ehmke* herangezogenen auch noch in weiteren Entscheidungen des Bundesverfassungsgerichts. (Vgl. BVerfGE 8, 274 [329]; 9, 137 [146]; 17, 232 [251]) und kann, was insbesondere die Formulierung in BVerfGE 9, 146 zeigt, nicht anders verstanden werden, als daß damit der Kernbereich (Wesensgehalt) des Art. 2 I GG bezeichnet sein soll, der keinerlei Eingriffen der öffentlichen Gewalt ausgesetzt sein dürfe, während im übrigen Art. 2 I GG selbst nicht Maßstab für die Verfassungsmäßigkeit des in Betracht stehenden Gesetzes ist.

[14] Gegen das Elfes-Urteil (Bd. 6, 32 ff.) z. B. *Schätzler*, NJW 57, 819; *Hamann*, BB 57, 231; *ders.*, Wirtschaftsverfassungsrecht, S. 88; *Peters*, Das Recht, S. 20, 22, 23; *Rupp*, NJW 65, 994; *Wintrich*, Zur Problematik, S. 28, weist zu Recht daraufhin, daß dieser Einwand, wenn für Art. 2 I GG, auch für diejenigen Grundrechte erhoben werden müßte, die unter einem allgemeinen Gesetzesvorbehalt stehen, z. B. Art. 2 II GG.

[15] *Krüger*, NJW 55, 203.

sung wie die des Gerichts, die den Kreis der grundrechtsbegrenzenden Gesetze thematisch stark erweitert und die zugleich meint, den die „verfassungsmäßige Ordnung“ gestaltenden Gesetzgeber von der Bindung an das zu gestaltende Grundrecht befreien zu müssen, indem es ihn an die Verfassung nur „außerhalb des Art. 2 I GG selbst“ gebunden hält.

Nach dem rigiden Verfassungsbefehl des Art. 1 III GG haben die die Freiheit gestaltenden und sie zugleich begrenzenden Gesetze ihrerseits die von ihnen gestalteten und begrenzten Freiheitsrechte zu beachten[16]. Der Gesetzgeber, der durch die Grundrechte gebunden werden soll, darf deshalb keinesfalls über das *ob* und *wie* dieser Bindung selbst befinden können[17]; er muß vielmehr ein vorgegebenes Substrat, einen Beziehungspunkt der Bindung vorfinden[18] und darf sich bei der Gestaltung im Grundrechtsbereich nicht an die Stelle der Verfassung und über die Grundrechte hinwegsetzen[19]. Nicht das einfache Gesetz soll den Inhalt des Grundrechts bestimmen[20], sondern der mögliche Inhalt des Gesetzes muß sich am Freiheitsrechtsleitbild des Grundrechts orientieren. Grundrechtsbegrenzende Gesetze, wenn sie verfassungsmäßige Gesetze sein wollen, sind daher insofern lediglich deklaratorischer Natur, als sie die grundrechtlichen Wertfestsetzungen verwirklichen, sie also respektieren. Bei einem Verständnis der Grundrechte als „grundlegender, richtungsweisender Wertmaßstäbe“[21] und infolge der Bindung auch des Gesetzgebers an diese (Art. 1 III GG) muß jede Gesetzgebung als Verfassungsvollzug und jede Gesetzgebung im Grundrechtsbereich als Grundrechtsverwirklichung erscheinen.

So verstanden ist die Gesetzgebungskompetenz eine Erkenntniskompetenz, kraft derer die nach der Verfassung möglichen Gesetzesinhalte mit der dem Gesetz eigenen Verbindlichkeit und konstitutiven Wirkung

---

[16] E. R. *Huber*, DÖV 56, 135; *Nipperdey*, GR IV/2 S. 790 Nr. 238.

[17] *Jerusalem*, SJZ 50, 6; *Krüger*, NJW 55, 201 f.; *Uber*, Freiheit des Berufs, S. 63 f.

[18] *Hamann*, BB 57, 231.

[19] *Häberle*, Die Wesensgehaltsgarantie, S. 42 f.

[20] So für die Grundrechte der Weimarer Rechtsverfassung insb. *Hofacker* (Grundrechte und Grundpflichten der Deutschen, S. 9): „Die Sätze des zweiten Hauptteils (der Weimarer Reichsverfassung) haben symbolische Natur, sie verweisen auf andere Gesetze und setzen voraus, daß sie erst mit richtigem Inhalte ausgefüllt werden. Sie sind ... nur eine abhängige Funktion einer beliebig veränderlichen, etwa der Reichs- oder Landesgesetzgebung“; vgl. *ders.* (Die Auslegung der Grundrechte, S. 5): „Die Grundrechte sind von den Rechtsordnungen abhängig, nicht die Rechtsordnungen von den Grundrechten“. In dieser „Verfassungsauslegung nach Gesetz“ (*Leisner*, JZ 64, 203) offenbart sich die normative Mißachtung der Verfassung, die in dem Satz: „Verfassungsrecht vergeht, Verwaltungsrecht aber besteht“, beredten Ausdruck gefunden hat (*Leisner*, a.a.O.).

[21] So *Scheuner*, VVDStRL 22, 37, 40.

gegenüber den Gesetzesunterworfenen festgelegt wird[22]. Das verfassungsmäßige Gesetz konkretisiert den Willen der Verfassungsnorm in Bezug auf die gesetzlich zu regelnden Tatbestände und ist deshalb im Hinblick auf die auszufüllende Verfassungsbestimmung Sinndeutung und zugleich für den verfassungs- und gesetzesgebundenen Staatsbürger Sinngebung im Hinblick auf die Verfassungsnorm.

Diese Bindung des einfachen Gesetzgebers an die Substanz des Freiheitsrechts, an den Leitsatz der Freiheit, ist durch den Begriff der verfassungsmäßigen Ordnung, so wie ihn das Elfes-Urteil[23] interpretiert, weitgehend beseitigt. Das Gericht hat sich zwar gegen diesen erwarteten Einwand des „Leerlaufens" mit dem Hinweis zur Wehr gesetzt, ein „Leerlaufen" des Grundrechts sei ausgeschlossen, weil die „obersten Prinzipien der Wertordnung gegen Verfassungsänderungen geschützt seien (Art. 1, 20, 79 III)"[24]. Gesetze dürften daher die Würde des Menschen nicht verletzen, aber auch die „geistige, politische und wirtschaftliche Freiheit des Menschen nicht so einschränken, daß sie in ihrem Wesensgehalt angetastet würde (Art. 19 II, 1 III, 2 I GG)"[25]. Die materielle Geltungskraft des Art. 2 I GG wird dann wie folgt umschrieben:

> „Hieraus ergibt sich, daß dem einzelnen Bürger eine Sphäre privater Lebensgestaltung verfassungskräftig vorbehalten ist, also ein letzter unantastbarer Bereich menschlicher Freiheit besteht, der der Einwirkung der gesamten öffentlichen Gewalt entzogen ist[26]."

Dabei wird jener „letzte unantastbare Bereich" der Freiheit[27] mit dem Wesensgehalt des Grundrechts (Art. 19 II GG) gleichgesetzt und es wird

---

[22] Abzulehnen ist deshalb mit *Hamel* (DVBl 58, 40) die Auffassung *Ipsens* (DVBl 56, 360; VVDStRL 10, 85), der ebenso wie *Hofacker* (Grundrechte und Grundpflichten der Deutschen, S. 9) für Art. 153 I WRV nunmehr für Art. 14 I GG (Inhaltsbestimmung) und Art. 12 I 2 (Berufsausübungsregelung) die Auffassung vertritt, beide Vorschriften stellten Ermächtigungen an den gestaltenden Gesetzgeber dar, zu bestimmen, was das in Vordersatz gewährleistete Freiheitsrecht „inhaltlich überhaupt hergibt" (*Ipsen*, DVBl 56, 360); und zwar in dem Sinne verstanden, daß der Gesetzgeber ermächtigt sein soll, „den substantiellen Inhalt ... konstitutiv zu gestalten" (a.a.O.).

[23] BVerfGE 6, 32 ff.

[24] BVerfGE 6, 32 (40); zustimmend (Maunz)-*Dürig*, K, Art. 2 I, Randn. 28; Dürig, JZ 57, 171; Wintrich, Zur Problematik, S. 28, 29.

[25] a.a.O., S. 41.

[26] BVerfGE 6, 32 (41); 6, 389 (433); 8, 274 (329); 9, 137 (146); 17, 232 (251).

[27] Er wird zu Unrecht von *Hamann* (BB 57, 229) und *Peters* (Das Recht, S. 22) mit jenem „Mindestmaß" an Freiheit identifiziert, in dem die Persönlichkeitskernlehre das Schutzgut des Art. 2 I GG erblickt. Ein stufenweises Vorgehen nach den Regeln der Logik und Rechtstechnik (so zutr. W. *Zeidler*, BB 57, 341) zeigt vielmehr, daß das Gericht das Freiheitsrecht in seinem sachlichen, thematischen Anwendungsbereich umfassend versteht, dieses umfassend verstandene Recht jedoch durch die Schrankentrias des „Soweit"-Satzes auf eben jenen letzten unantastbaren Bereich beschränkt sieht. Dagegen setzt die Persönlichkeitskerntheorie bereits im Thematischen an und begrenzt

hieran die Feststellung geknüpft, ein Leerlaufen der Grundrechte sei eben deshalb nicht mehr in dem Maße möglich wie unter der Grundrechtsdoktrin der Weimarer Reichsverfassung.

Das kann nicht befriedigen.

Solange nicht eine Bindung des Grundrechts, sein grundsätzliches Begrenztsein im Sozialgefüge und damit sein Umfang schlechthin bestimmt ist, kann auch sein „Kern“ nicht konkreter erkannt werden. Die Erkenntnis eines „Substrats“, eines „Wesenskern“, ist ohne Erkenntnis des Wesens des Grundrechts selbst nicht möglich[28]. Die Vorstellung von einem bis auf seinen „Wesensgehalt“ frei einschränkbaren Grundrecht und einem im Gegensatz hierzu absolut und uneinschränkbar gedachten Wesenskern des Grundrechts geht auch an der Tatsache vorbei, daß Art. 1 III GG den Gesetzgeber an das *ganze* Freiheitsrecht *als solches* bindet, eine freie Einschränkbarkeit des Grundrechts also nicht — auch nicht bis zu einer „Wesensgehaltsgrenze“ — zuläßt. Das Grundgesetz gewährleistet die Freiheitsrechte *schlechthin*, nicht nur deren „Wesensgehalt“. Nicht soll die Freiheit ungeschützt, deren Wesensgehalt hingegen gewährleistet sein; vielmehr soll die Freiheit gewährleistet und ihr Wesensgehalt darüberhinaus noch zusätzlich besonders durch Art. 19 II GG gesichert werden. Art. 19 II GG bietet nur einen „letzten Schutz“[29] gegenüber Eingriffen der öffentlichen Gewalt in die Grundrechte, er kommt erst zur Anwendung, wenn zu prüfen ist, ob ein im übrigen zulässiger Eingriff den Wesensgehalt des Grundrechts verletzt. Aber auch die Frage, ob ein Eingriff im übrigen, also bis zur „Wesensgehaltsgrenze“ des Grundrechts, zulässig ist, wird nach der Rechtsprechung des Bundesverfassungsgerichts nicht an Art. 2 I GG selbst gemessen, sondern nur an der Verfassung *außerhalb* von Art. 2 I GG[30].

Zu der in der „Elfes“-Entscheidung vertretenen Auffassung des Bundesverfassungsgerichts steht die Meinung im Gegensatz, nach der mit

---

das Grundrecht des Art. 2 I GG nicht nur über seine *Schrankenseite*, sondern bereits auf der *Freiheitsseite*, indem es ganze Lebensbereiche aus seinem Schutzbereich von vornherein ausklammert, nämlich die sämtlichen profanen Betätigungen des Alltags, die sich nicht als „Entfaltung echten Menschtums im Sinne der abendländischen Kulturgemeinschaft“ (*Peters*, Laun-Festschrift, 1953, S. 673) darstellen. Gewiß werden dort, wo Art. 2 I GG auch nach der Persönlichkeitskernlehre Anwendung findet, die beiden Auffassungen zu gleichen Ergebnissen führen. Auffällig werden die Unterschiede jedoch in den übrigen Fällen mit den bedenklichen Folgen der Persönlichkeitskerntheorie, wie sie noch darzustellen sein werden.

[28] „Eine inhaltlich nicht faßbare Freiheit wird nicht konturenschärfer dadurch, daß man von ihrem Kern spricht ...“ (*Rupp*, NJW 66, 2037/2038).

[29] *Nipperdey*, GR IV/2, S. 799.

[30] BVerfGE 6, 32 (41); 9, 137 (146); 17, 306 (313) vgl. dazu die Darstellung oben S. 13 f.

dem Adjektiv „verfassungsmäßig“ lediglich die „elementaren Verfassungsgrundsätze“[31] bezeichnet sind. Auch diese Meinung ist jedoch — mit Recht — kritisiert worden.

Sieht man in dem Freiheitsrecht des Art. 2 I GG das allgemeine, seinem gegenständlichen Anwendungsbereiche nach umfassende Handlungsfreiheitsrecht, und an dieser Auffassung wird man angesichts der bereits zitierten[32] ständigen Rechtsprechung des Bundesverfassungsgerichts nicht mehr vorübergehen können, dann muß eine so verstandene Freiheit auch notwendig in einer ebenfalls ihrem gegenständlichen (thematischen) Umfange nach allgemeinen und umfassenden Bindung ihre Begrenzung finden. Es ist deshalb folgerichtig, mit der Interpretation des Art. 2 I GG als Grundrecht der allgemeinen Handlungsfreiheit auch den Begriff der „verfassungsmäßigen Ordnung“ ebenfalls thematisch umfassend zu verstehen, d. h., dem Grundrecht auf der ganzen Breite seiner thematischen Anwendbarkeit auch die gesamte thematisch einschlägige verfassungsmäßige Ordnung zur Konkretisierung und gleichzeitigen Begrenzung zuzuordnen. In welchem Lebensbereich auch immer die Freiheit gewährt wird, sie muß in diesem Bereich auch ihre Begrenzung zugunsten der überragenden Gemeinschaftsanforderungen finden. Denn es würde zu unhaltbaren Ergebnissen führen[33], wenn man in Art. 2 I GG einerseits die Garantie der allgemeinen Handlungsfreiheit sehen, andererseits Beschränkungen dieser Freiheit aber nur durch die Verfassungsnormen selbst oder durch verfassungsänderndes Gesetz bzw. die allgemeinen Verfassungsgrundsätze zulassen würde. Diese Erkenntnis nötigt andererseits nicht zu dem Schluß, daß deshalb *alle* in dem umfassenden thematischen Anwendungsbereich des Art. 2 I GG ergehenden und formell und materiell mit der Verfassung „außerhalb von Art. 2 Abs. 2 GG“ selbst[34] zu vereinbarenden Gesetze auch notwendig Bestandteil der „verfassungsmäßigen Ordnung“ seien. Es wird noch zu zeigen sein, daß die Alternative, unter dem Begriff „verfassungsmäßige Ordnung“ könnten entweder nur die „elementaren Verfassungsgrundsätze“ verstanden werden oder aber „alle formell und materiell ordnungsmäßig zustandegekommenen Rechtssätze“[35], nicht zwingend ist.

Auch dann, wenn der Kreis der zur „verfassungsmäßigen Ordnung“ gehörenden Gesetze nicht nur die „elementaren Verfassungsgrund-

---

[31] BGH St 4, 285 (395); vgl. die weiteren Nachweise bei *Hamann*, Kommentar, Art. 2 Anm. B 6.

[32] Vgl. oben Einl. N. 6.

[33] So *Wintrich*, Zur Problematik der Grundrechte, S. 26 f.; *Peters*, Laun-Festschrift 1953, S. 676; *ders.*, Das Recht auf die freie Entfaltung der Persönlichkeit, S. 49; *Hamel*, Grundrechte, S. 33; *Stree*, Deliktsfolgen und Grundgesetz, S. 153.

[34] So BVerfGE 6, 32 (41); 9, 137 (146); 17, 306 (313).

[35] *Hamann*, Kommentar, Art. 2 Anm. B 6.

sätze" umfaßt, sondern darüberhinaus thematisch ebenso erweitert wird wie der Freiheitsrechtsleitsatz des Art. 2 I GG selbst, ist das sogenannte „Leerlaufen" des Grundrechts keine notwendige Folge. Es könnte mit Hilfe anderer als thematischer Kriterien, nämlich durch eine Überprüfung der sämtlichen thematisch einschlägigen Gesetze auf ihre Übereinstimmung mit dem Freiheitsrechtsleitbild des Art. 2 I GG eine Auswahl unter den thematisch einschlägigen Rechtssätzen getroffen werden, die nur diejenigen Rechtssätze als der „verfasungsmäßigen Ordnung" zugehörig erscheinen ließe, die mit dem Grundrecht des Art. 2 I GG selbst vereinbar sind und nicht nur mit der Verfassung *außerhalb* des Artikels 2 I GG.

Angesichts der in Art. 1 III GG festgelegten Bindung des Gesetzgebers an die Grundrechte wird man denjenigen Definitionen zuneigen können, welche die „verfassungsmäßige Ordnung" als die auf der Verfassung basierende[36] und insofern von ihr auch geforderte Ordnung[37] verstehen, weil sie diese Abhängigkeit der unterverfassungsmäßigen Rechtsordnung von den Freiheitsrechtsgrundrechten, ihr Begründetsein in der Verfassung[38] zutreffend wiedergeben. Diese bestehende, aber auch durch künftige Gesetze immer neu zu verwirklichende Ordnung[39] könnte dann eher zwischen den beiden oben dargestellten und kritisierten Auffassungen sich bewegen[40].

II. Stellungnahme zu verschiedenen im Schrifttum angewendeten Methoden zur Bestimmung des Begriffs „verfassungsmäßige Ordnung" in Art. 2 I GG

1. Systematische Wortinterpretation

Das Grundgesetz verwendet den Begriff „verfassungsmäßige Ordnung" in Art. 2 I, 9 II, 20 III, 28 I, 28 III und 98 II GG[41].

---

[36] Anders *Hamel*, Grundrechte, S. 34, der unter „verfassungsmäßiger Ordnung" den Inbegriff aller Normen verstanden wissen will, die den Gesetzgeber binden, also den Vorrang vor den Gesetzen haben. Hiergegen bestehen Bedenken aus dem Grunde, weil damit diese Ordnung der Gestaltung durch den Gesetzgeber völlig entzogen und damit zu ihrer Aufgabe als Mittlerin zwischen den im Freiheitsrecht zum Ausdruck gebrachten Individualbelangen und den Gemeinschaftsinteressen untauglich gemacht wird.

[37] So *Dürig*, JZ 57, 172; (Maunz)-*Dürig*, Kommentar, Art. 2 I Randn. 18, 19, *Rohde-Liebenau*, DÖV 57, 472; *Lerche*, Übermaß, S. 299.

[38] *Nipperdey*, GR IV/2 S. 808.

[39] Vgl. *Bachof*, Verfassungswidrige Verfassungsnormen?, S. 46.

[40] (Maunz)-*Dürig*, Kommentar, Art. 2 I, Randn. 17, 18 ff., will den Inhalt der Generalklausel „verfassungsmäßige Ordnung" zwischen ihrer extrem weiten Deutung als allgemeiner Rechtsordnung und ihrer extrem engen Deutung im Sinne lediglich des formellen Verfassungsgesetzes finden; ähnlich *Laufke*, Festschrift für Heinrich Lehmann, Bd. I S. 174, der sich zunächst der

Daraus ist gefolgert worden, daß der Begriff in allen genannten Verfassungsbestimmungen gleich zu interpretieren sei[42].

Da er in einigen der genannten Verfassungsbestimmungen, insbesondere in Art. 20 III GG, aber unzweifelhaft nicht als allgemeiner Gesetzesvorbehalt zu verstehen sei, könne er auch in Art. 2 I GG nicht so aufgefaßt werden[43].

Dagegen wendet sich *Klein*[44]. Er weist insbesondere auf die Verschiedenheit des jeweiligen Normadressaten hin. Dies sei in Art. 2 I GG und Art. 9 II GG in erster Linie der zu bindende Grundrechtsträger, in Art. 20 III GG der Gesetzgeber und in Art. 98 II GG der Richter. Unzweifelhaft ergäben sich z. B. für den Gesetzgeber Bindungen aus Art. 20 III GG, als deren Adressat der grundrechtsausübende Staatsbürger gar nicht in Betracht käme, z. B. die Beachtung der Organisationsnormen[45]. Dem Hinweis *Hamanns*[46], daß zumindest in Art. 9 II GG der Begriff sich gleichermaßen wie in Art. 2 I GG an den Grundrechtsausübenden wende und insofern hinreichend Anlaß bestanden hätte, ihn dort wie auch hier in gleichem Sinne zu verstehen, hält *Zeidler*[47] entgegen, daß in Art. 9 II GG eine Personenmehrheit, in Art. 2 I GG dagegen die Einzelperson angesprochen sei.

Es kann auch nicht außer Betracht bleiben, daß Art. 9 II GG neben dem Begriff „verfassungsmäßige Ordnung“ noch den Hinweis auf die „Strafgesetze“ und den „Gedanken der Völkerverständigung“ enthält.

Er ist also tatbestandsmäßig im Vergleich mit den Schranken des Art. 2 I GG enger und konkreter umschrieben, woraus sich folgern ließe, daß der Verfassungsgeber dieses Grundrecht *insgesamt* gesetzesfester gestalten wollte, so daß auch der Begriff der „verfassungsmäßigen Ordnung“ hier möglicherweise enger verstanden werden müßte. Auch steht der Begriff „verfassungsmäßige Ordnung“ in Art. 2 I GG neben den sehr viel weiteren Generalklauseln „Sittengesetz“ und

---

Auffassung *Coings*, BB 54, 141 anschließt, dann aber fortfährt: „Andererseits darf der Begriff der verfassungsmäßigen Ordnung keine Deutung erfahren, die der Anerkennung eines allgemeinen Gesetzesvorbehaltes gleichkommt“.

[41] Auch in Art. 143 I GG bis zu dessen Aufhebung durch Art. 7 des Strafrechtsänderungsgesetzes vom 30. 8. 1951 — BGBl. I S. 739.

[42] OVG Münster, DÖV 52, 56 (59); *Hamann*, DÖV 52, 133; *ders.*, Rechtsstaat und Wirtschaftslenkung, S. 65; *ders.*, BB 57, 229 f.; *Krüger*, DVBl 50, 627; *Scholtissek*, NJW 52, 563; *Füßlein*, GR II S. 436.

[43] *Peters*, Laun-Festschrift 1953, S. 676, N. 20; *ders.*, Das Recht auf die freie Entfaltung der Persönlichkeit, S. 49; *Nipperdey*, GR IV/2 S. 792 f.

[44] *v. Mangoldt-Klein*, Kommentar, S. 182.

[45] Vgl. *v. Mangoldt-Klein*, Kommentar, S. 183; *Maunz-Dürig*, Kommentar, Art. 2 I, Randn. 17 N 2.

[46] BB 57, 229.

[47] BB 57, 341 ff.

„Rechte anderer“, woraus ebenfalls ersichtlich wird, daß die Freiheit hier in stärkerem Maße den Gemeinschaftsanforderungen unterliegt. Es könnte deshalb unter dem Begriff „verfassungsmäßige Ordnung“ in Art. 2 I GG ein tatbestandsmäßig weiterreichender grundrechtsbegrenzender Gesetzesbestand verstanden werden, als in Art. 9 II GG.

Dies und der Hinweis auf die Verschiedenheit der Normadressaten läßt erkennen, daß mit dem Hinweis auf den gleichen Wortlaut in den Artikeln des Grundgesetzes ein sinngerechter Anhaltspunkt für die Interpretation des Begriffs „verfassungsmäßige Ordnung“ kaum gewonnen werden kann[48].

2. Die materielle Bestimmung des Begriffs „verfassungsmäßige Ordnung“ mit Hilfe von „Klauseln“

Der Erkenntnis, daß bloß verbale Interpretationsmethoden an dem generalklauselartig formulierten Begriff „verfassungsmäßige Ordnung“ zum scheitern verurteilt sein müssen, hat das Schrifttum schon sehr bald Rechnung getragen, indem es mit Hilfe klauselartiger Definitionen einen materiellen Maßstab zur Bestimmung des Begriffs „verfassungsmäßige Ordnung“ in Art. 2 I GG zu gewinnen suchte[49].

Nach der sog. Gemeinschaftsklausel des Bundesverwaltungsgerichts

„gehört es zum Inbegriff aller Grundrechte, daß sie nicht in Anspruch genommen werden dürfen, wenn dadurch die für den Bestand der Gemeinschaft notwendigen Rechtsgüter gefährdet werden. Denn jedes Grundrecht setzt den Bestand der staatlichen Gemeinschaft voraus, durch die es gewährleistet wird“[50].

Die Vertreter der sog. „Gemeinwohlklausel“ suchen die Grenzen der Entfaltungsfreiheit dort, wo

„überragende Forderungen des Gemeinwohls eine Begrenzung unabdingbar gebieten“[51].

---

[48] So im Ergebnis auch die eingehende Untersuchung von *Prinz*, Die Begriffe der „verfassungsmäßigen Ordnung“ im Bonner Grundgesetz, S. 32.

[49] Vgl. die zusammenfassende Darstellung bei E. R. *Huber*, DÖV 56, 135 ff.; *Wintrich*, Zur Problematik der Grundrechte, S. 24 ff.; *Nipperdey*, GR IV/2 S. 809 ff.

[50] BVerwGE 1, 42 (52); 1, 92 (94); 2, 85 (87); 2, 89 (94); 2, 295 (300); 3, 21 (24); 4, 95 (96); 4, 167 (171); 5, 153 (159); 6, 13 (17); 7, 125 (139); kritisch dazu *Bachof*, Verfassungsrecht, Verwaltungsrecht, Verfahrensrecht, S. 14 f.; *ders.*, JZ 58, 288; positiv *Hamel*, Grundrechte, S. 44; Eike *von Hippel*, Grenzen, S. 39.

[51] E. R. *Huber*, Wirtschaftsverwaltungsrecht Bd. I S. 663; *ders.*, DÖV 56, 136; *Nipperdey*, GR IV/2 S. 813 m. Nachw. in N. 328; ähnlich Eike *von Hippel*: „Jede Grundrechtsnorm gilt nur, wenn und soweit dem geschützten Freiheitsinteresse keine höherwertigen Interessen (Rechtsgüter) entgegenstehen“ (Grenzen, S. 38).

Die „Existenzklausel“ *Krügers*[52] und die „Nichtstörungsklausel“ *Dürigs*[53] sind enger auf bestimmte Aspekte dieses „fundamentalen Wertungsproblems“[54] der Grenzziehung zwischen Freiheit und Bindung hin formuliert. Die sog. „Zumutbarkeitsklausel“ des Bundesverfassungsgerichts[55] betont den Gesichtspunkt subjektiver Zumutbarkeit[56]. Diese Formeln widersprechen einander schon deshalb nicht, weil sie lediglich die gestellte Bewertungsfrage in jeweils unterschiedlichem verbalen Gewande wiederholen und deshalb im formalen verhaftet bleiben, solange sie nicht die Frage nach dem „warum“ und dem „wie“ staatlicher Betätigung in der Freiheitssphäre aufwerfen. Sie müssen das „Kernproblem“ ungelöst lassen[57], weil es hierfür eine Patentlösung oder eine Zauberformel nicht gibt[58].

3. Bestimmung des Begriffs „verfassungsmäßige Ordnung“ vom Thema des Grundrechts her

Methodisch wird man bei der Interpretation des Begriffs in Art. 2 I GG von Anknüpfungsversuchen am Wortlaut Abstand nehmen und statt dessen auf seine „Funktion“ im Recht auf die freie Entfaltung der Persönlichkeit (Art. 2 GG) abheben müssen[59]. Seine Auslegung hängt daher wesentlich davon ab, welcher Inhalt dem Satz „Jeder hat das Recht auf die freie Entfaltung seiner Persönlichkeit“ entnommen werden soll. Zwischen diesen beiden Seiten des Grundrechts, seiner Freiheits- und seiner Bindungsseite besteht ein enger Zusammenhang; beide bedingen einander[60].

Die Auslegung des Begriffs „verfassungsmäßige Ordnung“ muß thematisch mit dem Thema des Freiheitsrechts Schritt halten. Wenn Art. 2

---

[52] NJW 55, 201 ff.: Nur die existentiellen Bedingungen der Staatlichkeit, nämlich die „Existenzelemente der Staatlichkeit“ gehören zur „verfassungsmäßigen Ordnung“; vgl. die Kritik bei E. R. *Huber*, DÖV 56, 135.

[53] AöR 79, 57 ff.

[54] *Zippelius*, Wertungsproblem im System der Grundrechte, S. 15.

[55] BVerfGE 4, 7 (16); 19, 93 (96).

[56] Vgl. dazu *Nipperdey*, GR IV/2 S. 811 f.

[57] *Kimminich*, JZ 65, 744.

[58] Eike *von Hippel*, Grenzen und Wesensgehalt, S. 39.

[59] Vgl. BVerfGE 6, 32 (38); das Gericht läßt sich hier von einem Denken von der Funktion her leiten, das an der Realisierung vorgegebener materieller Verfassungsprinzipien orientiert ist. Vgl. dazu *Leisner*, DÖV 61, 641 (645): „...das Ziel (Realisierung der materiellen Verfassungsprinzipien) hat den Einsatz der Mittel zu steuern.“ Eine in dieser Weise zielgerichtete und problemgeleitete Interpretation (vgl. auch *Ehmke*, Smend-Festschr. 1962, S. 23; *Rupp* Privateigentum an Staatsfunktionen, S. 11 N. 19) wird ggf. auch dem Wortlaut einer Verfassungsbestimmung keine entscheidende Bedeutung beimessen müssen (*Ehmke*, VVDStRL 20, 59).

[60] *Nipperdey*, GR IV/2 S. 788, vgl. auch Leibholz-Rinck, Kommentar, Art. 2 Anm. 5: „Die Auslegung hängt ... von der Funktion ab.“

I GG als das Recht der allgemeinen Handlungsfreiheit — also thematisch umfassend — verstanden wird, dann darf auch eine Auswahl unter den allgemeinen Gesetzen, die diese „verfassungsmäßige Ordnung" bilden soll, nicht vom Thema her erfolgen, vielmehr muß auch das Thema der der verfassungsmäßigen Ordnung zugehörigen Gesetze ebenfalls umfassend sein. Thematische Kriterien sind also nicht geeignet, unter den allgemeinen Gesetzen diejenigen auszuwählen, die der verfassungsmäßigen Ordnung zugehören sollen.

Es kann andererseits die Erkenntnis des Zusammenhanges des Umfanges der Freiheitsgewährung auf der Freiheitsseite (im Thema) des Grundrechts und dem Ausmaß der Bindung auf seiner Schrankenseite zu der entgegengesetzten Schlußfolgerung führen, daß Art. 2 I GG nämlich bereits in seinem Thema beschränkt werden müsse.

Wenn das Grundrecht des Art. 2 I GG, verstanden als Grundrecht der allgemeinen Handlungsfreiheit, notwendig unter einem allgemeinen Gesetzesvorbehalt „leerlaufen" müßte[61], weil „der selbständige Sinn des Ganzen" verblaßte[62] und die freie Persönlichkeitsentfaltung unter Beschränkung durch „fast alle Gesetze ... entwertet würde"[63], müßte der Versuch unternommen werden, den anscheinend „uferlosen" Art. 2 I GG schon von vornherein in seinem Anwendungsbereich (Thema) zu beschränken, um über eine dementsprechend enge Auslegung auch des Begriffs der „verfassungsmäßigen Ordnung" die juristische Wirkungskraft des allgemeinen Freiheitsrechts wenigstens für einen „Kernbereich" zu erhalten[64]. Beide Schlußfolgerungen, nämlich die von einem als allgemeines Freiheitsrecht umfassend verstandenen Grundrecht des Art. 2 I GG auf einen thematisch gleichermaßen weit interpretierten Gesetzesbestand „verfassungsmäßige Ordnung" und andererseits die von einem enger gezogenen Kreis der zur „verfassungsmäßigen Ordnung" gehörenden Gesetze auf ein Freiheitsrecht, das bereits in seinem Thema auf die „Ausübung echten Menschtums"[65] verkennen diesen Zusammenhang von Freiheitsgewährung und ihrer Bindungsseite, nämlich der „verfassungsmäßigen Ordnung" nicht. Bei der Untersuchung des Begriffs „verfassungsmäßige Ordnung" wird aber zunächst von dem Wortlaut des Art. 2 I GG auszugehen sein. Wenn Art. 2 I GG bereits nach seinem Wortlaut als das Recht der allgemeinen und umfassenden Handlungs-

---

[61] So *Ehmke*, VVDStRL 20, 83.

[62] So *Lerche*, Übermaß, S. 299.

[63] So *Peters*, Das Recht auf die freie Entfaltung der Persönlichkeit, S. 49.

[64] So die Persönlichkeitskerntheorie von *Peters*, Laun-Festschrift, S. 676; *ders.*, Das Recht auf die freie Entfaltung der Persönlichkeit, S. 49; ähnlich *Ehmke*, VVDStRL 20, 83; *Lerche*, Übermaß, S. 299.

[65] *Peters*, Das Recht auf die freie Entfaltung der Persönlichkeit, S. 48.

freiheit verstanden werden müßte[66], dann dürfte seine Begrenzung schon im Thema auf Tätigkeiten, die „Ausübung echten Menschtums“[67] oder die Entfaltung der sittlichen Persönlichkeit darstellen, von vornherein nur dann zulässig sein, wenn *nur* auf diese Weise dem allgemeinen Freiheitsrecht des Art. 2 I GG noch ein eigenständiger Sinn erhalten werden könnte und wenn es andernfalls der Gefahr des „Leerlaufens“ ausgesetzt wäre.

---

[66] So u. a. *Hamann*, Rechtsstaat und Wirtschaftslenkung, S. 62; *Nipperdey*, GR IV/2 S. 770; (Maunz)-*Dürig*, Kommentar, Art. 2 I Randnummer 11.

[67] *Peters*, Das Recht auf die freie Entfaltung der Persönlichkeit, S. 48.

Erstes Kapitel

Die Freiheitsseite des Art. 2 I GG — sein Verständnis als Grundrecht der allgemeinen Handlungsfreiheit

I. Der Wortlaut des Art. 2 I GG als Anhaltspunkt für seine Auslegung

Die Abhängigkeit des Begriffs „verfassungsmäßige Ordnung" von dem Verständnis des Grundrechts des Art. 2 I GG wirft die Frage nach dem Inhalt des Art. 2 I GG auf.

Die Auffassung, daß Art. 2 I GG als Grundrecht einer allgemeinen und umfassenden Handlungsfreiheit verstanden werden muß, hat sich als in ständiger Rechtssprechung vertretene Auffassung des Bundesverfassungsgerichts[1] auch im Schrifttum mehr und mehr durchgesetzt[2].

Sie hat zunächst den Wortlaut des Grundgestzes für sich.

Der Begriff der „Persönlichkeit" ist mangels gegenteiliger Hinweise des Grundgesetzes ganzheitlich zu verstehen im Sinne von „Person"[3] oder Gesamtpersönlichkeit, d. h. die menschliche Vollexistenz auf allen Lebensgebieten[4]. Da das Grundgesetz nicht von der freien Entfaltung *zur* Persönlichkeit, sondern vom Recht eines jeden Menschen auf die „freie Entfaltung *seiner* Persönlichkeit" spricht, muß angenommen werden, daß der Verfassungsgeber nur *ein* Menschsein kennt und daß er

---

[1] Ausdrücklich in BVerfGE 12, 341 (347); 10, 354 (363); 10, 89 (99); 9, 83 (88); 9, 3 (11); 8, 274 (328); 7, 111 (119); 7, 89 (92); 6, 32 (36).

[2] Vgl. *Laufke*, Festschr. H. Lehmann, S. 162; *Evers*, AöR 90, 88; *Wintrich*, Festschr. Apelt, S. 1; *ders.*, Zur Problematik, S. 21 f., 29; *Scheuner*, VVDStRL 11, 61; (Maunz)-*Dürig*, Kommentar, Art. 2 I, Randnummer 11; *Dürig*, JZ 57, 170 f.; *ders.*, NJW 55, 730; *ders.*, JR 52, 262; *ders.*, AöR 81, 139; *ders.*, Festschrift Nawiasky, S. 223; *Nipperdey*, GR IV/2, S. 768; *Bachof*, GR III/1, S. 167; *v. Mangoldt*, AöR 75, 280; *ders.*, Kommentar, Art. 2 Anm. 2; *Hamann*, Kommentar, 2. Aufl., Art. 2 Anm. B 3; *ders.*, Wirtschaftsverfassungsrecht, S. 81, 83, 85; *ders.*, Rechtsstaat, S. 62, 77; *ders.*, BB 57, 229; *Wernicke*, BK, Art. 2 Erl. II 1 a; *Roemer*, Festschr. Dt. JT 1960, I, S. 552, 568; E. R. *Huber*, DÖV 56, 135; *ders.*, WVR I, S. 646, 656, 660 f.; *Ballerstedt*, GR III/1, S. 69; *Jerusalem*, SJZ 50, 2; *Scholtissek*, NJW 52, 563; *Krüger*, NJW 55, 202; *Larenz*, NJW 55, 521; *Maunz*, StR, S. 103.

[3] So *Nipperdey*, GR IV/2, S. 770.

[4] (Maunz)-*Dürig*, Kommentar, Art. 2 I, Randnummer 11.

Person, Personenhaftigkeit und Persönlichkeit gleichsetzt[5]. Entfalten kann dann nur bedeuten: die menschliche Seinsentfaltung schlechthin, die natürliche und umfassende Betätigungsfreiheit, die alle Kräfte des Menschen umfaßt, die gesamte Breite menschlichen Denkens, Wertens, Wollens und Handelns[6]. Ohne diese reale Betätigungsfreiheit gäbe es auch keine Entfaltung der Persönlichkeit, denn der Mensch entfaltet sich auch im Handeln[7]. Es muß deshalb dem Einzelnen überlassen bleiben, wie er sich entfalten will[8]. Auch läppische oder gar skurrile Äußerungen der Persönlichkeit, auch die unvorhersehbare, unerklärliche, gestörte Entwicklung, das Verkümmern der Persönlichkeit, sowie eigenes Versagen[9], daß das menschliche Ziel der Entfaltung zu einer Persönlichkeit zu vereiteln geeignet ist, stellen durch Art. 2 I GG geschützte Verhaltensweisen dar. Denn gerade darin besteht das Sichtentfaltenkönnen, daß es dem Staate verboten ist, den Persönlichkeitsbegriff zu typisieren und zu standardisieren[10] und damit die Freiheitsgewährleistung an die Erfüllung der Merkmale eines genormten Persönlichkeitsbegriffes zu knüpfen.

Die Einengung der Entfaltungsfreiheit bereits im Ansatz, die Herauslösung ganzer Lebensbereiche aus der Freiheitsgewährung des allgemeinen Persönlichkeitsrechts des Art. 2 I GG und die Beschränkung desselben auf einzelne Komponenten der Persönlichkeit, etwa auf kulturelle und sittliche Bereiche[11] würde zu einer die Freiheit bedrohenden Nichtanwendbarkeit des Freiheitsrechts auf wichtigen Teilgebieten führen[12] und zur Folge haben, daß die Freiheit auf diesen Gebieten außerhalb jeden Grundrechtsschutzes und unter dem Vorbehalt des einfachen Gesetzes stände[13]. Das mag an einem Beispiel verdeutlicht werden:

Wenn die Freiheitsgewährleistung von vornherein auf den Bereich der in den Menschen hineingelegten Anlagen (welche sind das?) beschränkt wäre, könnte ein Schüler, der nach Ansicht seiner Lehrer nicht die Be-

---

5 So *Wertenbruch*, Menschenwürde, S. 129; *Nipperdey*, GR II, S. 4 f., 9, 11, 13, 15 f.

6 *Wintrich*, Festschrift für Apelt, S. 4; *ders.*, Zur Problematik, S. 22; *Roemer*, Festschr.. Dt. JT, 1960, I S. 553 ff. (556).

7 *Scholtissek*, NJW 52, 561 (563); *Wernicke*, BK, Art. 2 Anm. II 1 a; *Hamann*, Rechtstaat, S. 62.

8 *Wintrich*, Zur Problematik, S. 21.

9 *Roemer*, Festschr. Dt. JT, 1960, I S. 569.

10 *Hamann*, Wirtschaftsverfassungsrecht, S. 81, 83.

11 *Peters* versteht Art. 2 I GG als „Auswirkung echten Menschentums im Sinne der abendländischen Kulturgemeinschaft" (*Laun*-Festschrift, S. 673); als „Betätigung der in den Menschen als solchen gelegten Kräfte" (Das Recht, S. 74); als „Entfaltung dessen, was der Schöpfer in den einzelnen als Person hineingelegt hat" (Das Recht, S. 48).

12 *Roemer*, Festschr. Dt. JT 1960, I, S. 553 ff., 569.

13 *Wintrich*, Zur Problematik, S. 22.

fähigung für den Besuch einer höheren Schule besitzt, auch nicht die Aufnahme in diese Schule verlangen, und zwar auch dann nicht, wenn er die Unterrichtung begabterer Schüler nicht störte[14], d. h. die Freiheit der Entfaltung könnte beschnitten werden, ohne daß irgendwelche Gemeinschaftsanforderungen eine solche Einengung erforderlich machten.

Oder: Jemand verkauft gewöhnlichste Unterhaltungsliteratur (Groschenromane), die jedoch nicht gegen das „Sittengesetz" verstößt. Da dies kaum als „Betätigung der in den Menschen als solchen gelegten Kräfte"[15] angesehen werden könnte, wäre Grundrechtsschutz für diese Betätigung nicht gegeben; sie stände unter dem allgemeinen Gesetzmäßigkeitsprinzip. Interpretierte man hingegen Art. 2 I GG als Grundrecht der allgemeinen Handlungsfreiheit, dann könnte der Verkauf unter dem Aspekt des Sittenverstoßes nur dann verboten werden, wenn er das „Sittengesetz" verletzte, d. h. das sittlich Erträgliche, die „ethische Normallinie"[16] unterschritte, und nicht schon dann, wenn er nicht mehr als ausgesprochen sittliche Entfaltung des Menschen angesprochen werden könnte. Für unseren Fall wäre also nicht eine Betätigung verboten, die gegen das „Sittengesetz" verstößt, sondern erlaubt wäre von vornherein *nur* diejenige Entfaltung, die in besonderem Maße sittlich ist. Ein Ergebnis, das die Anordnung des Art. 2 I GG geradezu in ihr Gegenteil verkehrt.

II. Bedenken gegen die Zugrundelegung eines philosophischen „Personalismus" in Art. 2 I GG

Den Grundrechten kommt um ihrer Eigenschaft als Rechtsnormen nicht zuletzt um der die Freiheit verbürgenden Rechtssicherheit willen eine Ordnungsfunktion im sozialen Miteinander zu[17], die sie mitsamt den ihnen beigegebenen Schranken als Kollisionsnormen, als Regelungen der Beziehungen zwischen Individuum und Gemeinschaft kennzeichnet[18]. Die umfassende Rechtsstellung, die das Freiheitsrecht des Art. 2 I GG dem einzelnen verschafft und die allgemeine Verbindlichkeit, die dem Berechtigten mit den Schranken des „Soweit"-Satzes auferlegt wird, lassen sich nur dann verwirklichen, wenn das dem Grundrecht zugrunde liegende Persönlichkeitsverständnis allgemeingültig und dieses Menschenbild für jedermann erreichbar ist. Wenn daher die Freiheitsgewäh-

[14] Beispiel von *Evers,* AöR 90, 93 f.

[15] *Peters,* Das Recht, S. 47.

[16] (Maunz)-*Dürig,* Kommentar, Art. 2 I, Randnummer 16; *Nipperdey,* GR IV/2, S. 820, 825.

[17] Vgl. *Evers,* AöR 90, 95.

[18] *Nipperdey,* GR IV/2, S. 774; *Hamann,* BB 55, 107.

rung des Art. 2 I GG an *ein* bestimmtes Menschenbild geknüpft würde, wären die gemeinsamen und allgemeinverbindlichen Grundlagen verlassen zugunsten eines qualifizierten und stark wertbehafteten Persönlichkeitsverständnisses, das nicht mehr die Grundlage einer für jedermann gültigen Ordnung darzustellen vermöchte. Die Ordnungsfunktion des Art. 2 I GG läßt es nicht zu, den in ihm enthaltenen Begriff der „Persönlichkeit" im Sinne einer bestimmten philosophischen Anthropologie zu interpretieren[19].

Die Anzahl solcher *Selbstverständnisse* des Menschen im vorrechtlichen Bereich ist zu groß und ihre Inhalte sind zu vielfältig[20], als daß sie als Grundlage einer allgemeinverbindlichen Rechtsnorm angenommen werden dürften.

Auch zur Bestimmung eines „Kernbezirks des Persönlichen"[21], zur Definition eines „homo ethicus"[22], zur Erfassung einer Sphäre „ureigenster" Persönlichkeitsrechte[23] oder auch nur zur Beschreibung dessen, was die eigentliche „Individualität" des Menschen ausmacht[24] wäre ein vorrechtlicher geschlossener Persönlichkeitsbegriff erforderlich. Denn auch ein im Sinne der Persönlichkeitskerntheorie verstandener Personbegriff könnte um seiner juristischen Verwirklichung willen bestimmter einheitlicher und der Beurteilung zugrunde zu legender objektiver Maßstäbe (Persönlichkeitsmerkmale) nicht entraten. Wer die Persönlichkeitsentfaltung in einem engeren Sinne verstehen will als das schlichte Tätigwerden der natürlichen Person, wird genötigt sein, einen Maßstab für „das Persönliche", also ein bestimmtes Menschenbild zu prägen und es der rechtlichen Wertung vorzugeben. Denn wenn nicht jede menschliche Betätigung als „Entfaltung der Persönlichkeit" im Sinne des Art. 2 I GG Grundrechtsschutz genießen soll, dann müssen objektive Maßstäbe vorgegeben werden, anhand derer sich ermitteln läßt, *welche* Betätigungen „Persönlichkeits"-Entfaltungen darstellen können, die den Grundrechtsschutz des Art. 2 I GG genießen können. Mit der Zugrundelegung eines solchen qualifizierten Persönlichkeitsideals würde dann denknotwendig die gemeinsame und allgemeinverbindliche Grundlage eines umfassenden Personverständnisses aufgegeben.

Es erscheint auch zweifelhaft, ob dem Grundgesetzgeber ein besonderes Persönlichkeitsverständnis etwa im Sinne eines philosophischen

---

[19] *Roemer*, Festschr. Dt. JT, 1960, I, S. 569; *Evers*, AöR 90, 95; *Nipperdey*, GR IV/2, S. 773.

[20] Vgl. *Roemer*, a.a.O., S. 553 ff.; *Evers*, a.a.O., S. 94.

[21] *Peters*, Das Recht, S. 49.

[22] *Ehmke*, VVDStRL 20, 83.

[23] *Hamel*, Grundrechte, S. 31.

[24] *Lerche*, Übermaß, S. 299.

„Personalismus“ vorgeschwebt hat. Das Grundgesetz läßt jedenfalls in seinem Wortlaut nicht erkennen, daß ein solcher Persönlichkeitsbegriff in irgendeiner Weise zu rechtlicher Relevanz erhoben worden ist.

Überlegungen zu der Frage, welches „Menschenbild“ dem Grundgesetz zugrunde liegt, müssen beim Wortlaut des Grundgesetztextes ihren Ausgang nehmen. Danach ist es unzweifelhaft, daß die Anwesenheit von Freiheitsrechten im Grundrechtskatalog einerseits darauf hinweist, daß der Persönlichkeit, dem einzelnen ein eigener Wert und Schutz zugesprochen ist, während andererseits ein Selbstverständnis des staatlichen Gemeinwesens als „demokratischer und sozialer Bundesstaat“ (Art. 20 Abs. 1 GG), bzw. „demokratischer und sozialer Rechtsstaat“ (Art. 28 Abs. 1 GG) geprägt wurde, das bei der Verfassungsauslegung davor bewahren muß, diese Freiheit des Individuums als eine „an sich unbegrenzte“ zu verstehen. Hier ist die Grunddeutung der eigenen Wesensart des staatlichen Gemeinwesens des Grundgesetzes begründet, und zwar mit normativer Bestimmungskraft[25], und hieran muß auch eine Untersuchung über das Menschenbild des Grundgesetzes anknüpfen.

Mit den Freiheitsrechten auf der einen Seite und dem Sozialstaatsgedanken andererseits sind jedoch lediglich die Extrempunkte der „Polarität Individuum—Gemeinschaft“[26] aufgezeichnet. Es läßt sich daraus nicht mehr entnehmen, als daß dem Grundgesetz ein Menschenbild zugrunde liegt, das den Menschen weder als isoliertes und bindungsfreies Individuum noch als bloße Einzelheit des Kollektivs, als bloßes Objekt staatlichen Handelns[27] versteht. Der Mensch wird gesehen als die in die Gesellschaft eingebettete Einzelpersönlichkeit, die ihre Individualität nur als Gemeinschaftswesen erhalten und entfalten kann; menschenwürdiges Gemeinschaftsleben ist andererseits nach dem Grundgesetz nur unter allseitiger Achtung der Personenwürde möglich[28].

Das Bundesverfassungsgericht hat dieses Menschenbild des Grundgesetzes wie folgt definiert:

> „Das Menschenbild des Grundgesetzes ist nicht das eines isolierten souveränen Individuums; das Grundgesetz hat vielmehr die Spannung Individuum—Gemeinchaft im Sinne der Gemeinschaftsbezogenheit der Person entschieden, ohne dabei deren Eigenwert anzutasten[29].“

Diese Definition ist sehr allgemein gehalten; sie sagt lediglich, was die Persönlichkeit nach der Staatsordnung des Grundgesetzes *nicht* sein

---

[25] *Gerber*, AöR 81, 28.

[26] *Hamel*, Grundrechte, S. 27.

[27] *Wertenbruch*, Menschenwürde, S. 57 f., 92.

[28] *Wintrich*, Zur Problematik, S. 6 f.; ähnlich *Uber*, Freiheit des Berufs, S. 50 f., 54; *Raiser*, JZ 58, 5 f.; Eikel *von Hippel*, Grenzen, S. 60 N. 44.

[29] BVerfGE 4, 7 (15); auch BVerfGE 7, 377 (403); 8, 274 (329).

kann. Positiv ist an ihr nur die Aussage, daß sich die Vorstellung des Grundgesetzes vom Menschen irgendwo in der Mitte zwischen diesen beiden Extremen bewegt. Der Hinweis *Hamanns*[30], daß es nicht zulässig sei, den Persönlichkeitsbegriff im Sinne *eines* bestimmten Menschenbildes *positiv* festzulegen, kann deshalb jedenfalls die Formulierung des Bundesverfassungsgerichts nicht betreffen. Nach ihr verbleibt aus dem Bereich zwischen dem souveränen Individuum und dem Kollektivismus die ganze Spanne menschlicher Entfaltungsmöglichkeiten als Grundlage für das Verständnis menschlichen Sichentfaltens im Sinne des Art. 2 I GG[31]. Das Grundgesetz muß daher versagen vor dem Versuch, den Persönlichkeitsbegriff des Art. 2 I GG auf *eine* dieser Möglichkeiten festzulegen[32]. Zudem kann der von Peters verwendete Begriff des „Personalismus“ im Sinne verschiedener Schulen unterschiedlich verstanden werden[33]. Demnach ist es nicht möglich, den Persönlichkeitsbegriff des Art. 2 I GG im Sinne eines qualifizierten Menschenbildes, wie es Peters vorschwebt, zu interpretieren, ohne den Boden möglicher Auslegungen zu verlassen und zugleich die allgemeingültigen und gesicherten Grundlagen der geistigen Auseinandersetzung um den Persönlichkeitsbegriff aufzugeben.

Man wird deshalb den Persönlichkeitsbegriff in Art. 2 I GG in umfassendem Sinne verstehen müssen und das Sichentfalten dieser Persönlichkeit als die allgemeine Handlungsfreiheit.

III. Das „Leerlaufen“ eines im Sinne der Persönlichkeitskerntheorie verstandenen Art. 2 I GG neben Art. 1 I GG

Wenn unter dem Begriff der „Persönlichkeit“ i. S. des Art. 2 I GG nicht die Person als Ganzheit, als reale Personhaftigkeit verstanden sein soll, dann steht die Persönlichkeitskernlehre vor der Aufgabe, jenen „Kernbereich“ des Persönlichen zu bestimmen, der den Schutzbereich des Art. 2 I GG bezeichnen soll, und zudem reale menschliche Verhal-

---

[30] Kommentar S. 69; Wirtschaftsverfassungsrecht, S. 81, 83.

[31] „Eine Fülle von Möglichkeiten, wie der Mensch sich begreifen und nach diesem Selbstverständnis sich entfalten kann“ (*Evers*, a.a.O., S. 94); „die ganze Breite menschlichen Denkens, Wertens, Wollens und Handelns“ (*Wintrich*, Festschrift für Apelt, S. 4).

[32] Mit Recht wendet sich daher *Hamann* (BB 55, 107; *ders.*, Wirtschaftsverfassungsrecht S. 81; *ders.*, Kommentar, S. 69) gegen *Peters*, der den Begriff der Persönlichkeit in Art. 2 I GG als den eines philosophischen „Personalismus“ verstehen will (*Peters*, *Laun*-Festschrift, 1953, S. 671; *ders.*, Das Recht, S. 48: „In der Stufenfolge Individualismus — Personalismus — Kollektivismus hält demnach das Grundgesetz die mittlere Linie des Personalismus inne“; ebenso *v. Mangoldt-Klein*, Kommentar, S. 165; (Maunz)-*Dürig;* Kommentar, Art. 2 I, Randnummer 47).

[33] *Evers*, a.a.O., S. 95.

tensweisen daraufhin rechtlich zu beurteilen, ob sie einem solchen Kernbezirk der Persönlichkeit zugehörig sind und als dessen Entfaltungen dem Grundrechtsschutz unterstehen.

Die Versuche der Persönlichkeitskernlehre, jenen Kernbereich des Persönlichen zu definieren, zeigen, daß eine nähere Inhaltsbestimmung nicht nur schwierig ist, sondern auch in bloßen subjektiven Dezisionismus ausarten würde und daß dieser Kernbezirk zugleich weitgehend mit der Menschenwürde im Sinne des Art. 1 I GG zu identifizieren wäre[34], ohne daß sich eine brauchbare Abgrenzung der beiden Bereiche entwickeln ließe. Damit liefe Art. 2 I GG neben einem als Grundrecht verstandenen Art. 1 I GG[35] insofern leer, als er lediglich dort Grundrechtsschutz gewähren würde, wo bereits das Grundrecht zum Schutz der Menschenwürde (Art. 1 I GG) eingreift.

IV. Überprüfung des gefundenen Ergebnisses anhand der Entstehungsgeschichte des Art. 2 Abs. 1 GG

Die Entstehungsgeschichte bestätigt die Auslegung des Art. 2 I GG als Grundrecht der allgemeinen Handlungsfreiheit.

Art. 2 II des Entwurfes von Herrenchiemsee bestimmte:

„Jedermann hat die Freiheit, innerhalb der Schranken der Rechtsordnung und der guten Sitten alles zu tun, was anderen nicht schadet[36]."

Demgemäß formulierte der allgemeine Redaktionsausschuß des Parlamentarischen Rates in der Fassung vom 16. 11. 1948 den Art. 2 I GG wie folgt:

„Jedermann ist frei zu tun und zu lassen, was die Rechte anderer nicht verletzt und nicht gegen die verfassungsmäßige Ordnung oder das Sittengesetz verstößt[37]."

Der Grundsatzausschuß nahm jedoch in seiner 23. Sitzung vom 19. 11. 1948[38] und in der 27. Sitzung vom 1. 12. 1948[39] dieselbe Fassung an, wie sie heute in Art. 2 I GG vorliegt, nämlich:

---

[34] So *Nipperdey*, GR IV/2, S. 769; *Evers*, AöR 90, 92.

[35] Str., vgl. dazu (Maunz)-*Dürig*, Kommentar, Art. 1 I, Randnummer 4 N. 2 mit weiteren Nachweisen.

[36] Jb. öff. R. N. F. Bd. 1, S. 54; Die Formulierung geht zurück auf Art. 4 der Erklärung der Menschen- und Bürgerrechte der Französischen Verfassung vom 3. September 1791: „Die Freiheit besteht darin, alles tun zu können, was einem anderen nicht schadet" (vgl. Günther *Franz*, Staatsverfassungen, S. 304 f.).

[37] Jb. öff. R. N. F. Bd. 1, S. 56.

[38] Jb. öff. R. N. F. Bd. 1, S. 56 f.

[39] Jb. öff. R. N. F. Bd. 1, S. 58.

„Jeder hat das Recht auf die freie Entfaltung seiner Persönlichkeit, soweit er nicht die Rechte anderer verletzt und nicht gegen die verfassungsmäßige Ordnung oder das Sittengesetz verstößt.“

Der allgemeine Redaktionsausschuß wiederholte am 13. 12. 1948[40] seinen Vorschlag vom 16. 11. 1948 und regte an, dem Art. 2 I GG die folgende Fassung zu geben:

„Jedermann hat die Freiheit zu tun und zu lassen, was die Rechte anderer nicht verletzt und nicht gegen die verfassungsmäßige Ordnung oder das Sittengesetz verstößt.“

Dieser Vorschlag fand in der zweiten Lesung des Hauptausschusses am 18. 1. 1949[41] lediglich deshalb keine Billigung, weil der Ausschuß sich der Auffassung des Grundsatzausschusses anschloß, die Worte „... zu tun und zu lassen ...“ klängen zu vulgär und das Würdevolle im Klang, das man in die Grundrechte hineinlegen wolle, würde dadurch unterbrochen.

Die Abweichung in der Formulierung des Grundsatzausschusses von der des allgemeinen Redaktionsausschusses ist also nicht auf ein unterschiedliches rechtliches Verständnis zurückzuführen, sie hat vielmehr rein sprachliche Gründe und läßt das Verständnis des Art. 2 I GG im Sinne eines „alles zu tun und zu lassen“, also eines Grundrechts der allgemeinen Handlungsfreiheit zwanglos zu[42]. Diese Auslegung gibt auch die Meinung der Abgeordneten wieder, wie sie in der 23. Sitzung des Grundsatzausschusses am 19. 11. 1948 in einer Aussprache geäußert wurde, nämlich daß Art. 2 I GG im Sinne einer umfassenden freien Entfaltung zu verstehen sei[43], eine Auffassung, die der Urheber der geltenden Fassung, *v. Mangoldt*, auch späterhin ständig vertreten hat[44].

---

[40] Jb. öff. R. N. F. Bd. 1, S. 59.

[41] Jb. öff. R. N. F. Bd. 1, S. 61.

[42] So werden die Motive verstanden von BVerfGE 6, 32/36 f.; *Scholtissek*, NJW 52, 563; *Nipperdey*, GR IV/2 S. 775; *Roemer*, Festschr. Dt. JT, 1960, I, S. 545.

[43] Jb. öff. R. N. F., Bd. 1, S. 57.

[44] *v. Mangoldt*, AöR 75, 280; *ders.*, Kommentar, Art. 2. Anm. 2 zu Art. 2 GG.

Zweites Kapitel

Zur Problematik der Bindung des Gesetzgebers an die Grundrechte — unter besonderer Berücksichtigung des Art. 2 I GG

I. Die Grundrechte als aktuelles objektives Recht und als subjektive Rechte — die Bindungswirkung des Art. 1 III GG

Wenn der Gesetzgeber bei der Verwirklichung einer „verfassungsmäßigen Ordnung" an das Grundrecht des Art. 2 I GG *selbst* gebunden sein soll, wenn andererseits dieses Grundrecht, verstanden als allgemeines und thematisch umfassendes Freiheitsrecht, in der vorgegebenen Gestalt so generalklauselartig formuliert ist, daß sein Inhalt — und damit auch seine Grenzen — allein im Wege des logisch-derivativen Schlusses kaum bestimmbar erscheint, dann muß geprüft werden, welche Bindungswirkung das Grundrecht überhaupt noch zu entfalten imstande ist, bevor das Maß der Bindung des Gesetzgebers an dieses Grundrecht beurteilt werden kann.

Allein dem Wortlaut des Art. 2 I GG: „Jeder hat das Recht..." läßt sich ein rechtserheblicher Hinweis für seinen Charakter als aktuelles und dem Einzelnen zustehendes subjektives Recht entnehmen[1]. Dieser Hinweis wird durch die Vorschrift des Art. 1 III GG noch verstärkt, durch den die Grundrechte eine Aufwertung insofern erfahren haben, als sie nunmehr als unmittelbar geltendes Recht auch den Gesetzgeber binden[2].

Die Lehre Richard *Thomas*[3], daß im Zweifel eine Auslegung für den Grundrechtscharakter und gegen das Verständnis eines Grundrechts als eines bloß unverbindlichen Programms zu erfolgen habe, gilt auch für die Auslegung der Grundrechte des Grundgesetzes fort[4] und hat in Art. 1 III GG ihren normativen Niederschlag gefunden. Die Verfassungsaus-

---

[1] So *Nipperdey*, GR IV/2, S. 745.

[2] Vgl. dazu auch *Krüger*, NJW 55, 201.

[3] Grundrechte und Grundpflichten, Bd. 1, S. 9: „Aus alledem folgt, daß die Jurisprudenz, wenn nicht Treu und Glauben verletzt werden sollen, von mehreren mit Wortlaut, Dogmengeschichte und Entstehungsgeschichte vereinbaren Auslegungen einer Grundrechtsnorm allemal derjenigen den Vorzug zu geben hat, die die juristische Wirkungskraft der betreffenden Norm am besten entfaltet".

[4] *v. Mangoldt-Klein*, Kommentar, S. 118.

sage, daß die Grundrechte „unmittelbar geltendes Recht" darstellen, legt fest, daß die Grundrechte keine bloßen Programmsätze ohne rechtliche Verbindlichkeit darstellen können[5]; das Grundgesetz hat die frühere Unterscheidung zwischen bloß direktiver (programmatischer) und aktueller Wirkung von Grundrechtssätzen beseitigen wollen[6], und es enthält deshalb eine Absage an die Programmsatztheorie[7].

Die Bedeutung des Art. 1 III GG geht über die eines bloß unverbindlichen Interpretationshinweises hinaus, in dieser Bestimmung kommt vielmehr der Geist des Grundgesetzes überhaupt zum Ausdruck, nämlich der Geist der Anerkennung der Freiheitssphäre des einzelnen, ebenso in den Bestimmungen der Art. 1 II, 19 II, 20 III, 79 III GG[8]. Damit ist ein Wertbekenntnis in der Verfassung niedergelegt und zur Grundlage einer bestimmten Ordnungsvorstellung gemacht worden, an das auch der Gesetzgeber gebunden sein soll.

II. Einwände gegen die unmittelbare Bindungswirkung und den Grundrechtscharakter des Art. 2 I GG

1. Art. 1 III GG — lediglich eine „Vermutung" für die Grundrechtsaktualität?

Nichtsdestoweniger wird auch heute noch zum Teil in Art. 1 III GG lediglich ein Interpretationshinweis, eine Auslegungshilfe erblickt, nach der lediglich „im Zweifel" zugunsten der Aktualität eines Grundrechts entschieden werden soll, so das Art. 1 III GG *lediglich* die Lehre Richard *Thomas'* von der „Vermutung" zugunsten der Freiheit[9] wiederholt und normativ fixiert. Keineswegs ergebe sich aus Art. 1 III GG in positiver Hinsicht unbedingt, daß alle nachfolgenden Grundrechtsnormen schon von Verfassungs wegen aktuell und vollziehbar seien[10]. Trotz Art. 1 III GG bestehe die Bindungskraft und -fähigkeit der Grundrechte jeweils nur im Maße und im Rahmen der ihnen selbst innewohnenden und ihnen in concreto beigelegten justiziablen Meßbarkeit[11]. Wo ein gegenteiliger Wille des Verfassungsgebers seinen Niederschlag in einer entsprechenden Formulierung der Verfassung gefunden habe, oder wo der fehlende

---

[5] (Maunz)-*Dürig*, Kommentar, Art. 1 III, Randn. 92.

[6] *v. Mangoldt-Klein*, Kommentar, S. 159; *Wernicke*, BK, Art. 1 Erl. II 4 a; *Maunz*, StR, S. 89.

[7] *Bachof*, Verfassungsrecht, Verwaltungsrecht, Verfahrensrecht, S. 7; *Huber*, DÖV 56, 200; *Scheuner*, DÖV 56, 66.

[8] *Uber*, Freiheit des Berufs, S. 15, 22 f.

[9] Vgl. o. 2. Kap. I N. 3.

[10] So (Maunz)-*Dürig*, Kommentar, Art. 1 III, Randn. 92.

[11] *Wernicke*, BK, Art. 1, Erl. II 4 a; *Ipsen*, GR II, S. 111 (157); *v. Mangoldt-Klein*, Komentar, S. 159.

Grundrechtscharakter sich durch Auslegung begründen lasse, vermöge auch Art. 1 III GG diese Rechtswirkung nicht herzustellen, er habe daher lediglich eine *Vermutung* für die Aktualität der Grundrechte geschaffen.

2. Zur Widerlegung dieser Vermutung für Art. 2 I GG

a) Der Einwand ungewöhnlicher Dehnbarkeit und Vagheit der Formulierung des Rechts auf die freie Entfaltung der Persönlichkeit (Art. 2 I GG)

Gerade für Art. 2 I GG wird diese „Vermutung" für den aktuellen Rechtscharakter der Grundrechte als widerlegt angesehen. Art. 2 I GG soll kein selbständiges Grundrecht darstellen, weil es ihm an der „selbständigen Bestimmbarkeit" fehle, und weil er wegen der „Unbestimmbarkeit, Dehnbarkeit und Vagheit seines abstrakt formulierten Persönlichkeitskerns"[12] keine Rechtsnormqualität besitzen könne.

Andererseits soll er jedoch „aktuell geltende Norm des objektiven (Verfassungs-) Rechts"[13] sein, was immerhin die Frage aufwirft, ob nicht auch eine Norm des objektiven Verfassungsrechts wegen Unbestimmbarkeit zum Programmsatz wird, ob sie nicht, allein um als Norm bindend zu sein, hinreichend bestimmbar sein müßte. *Klein* selbst[14] spricht nämlich in anderem Zusammenhange dem Art. 2 I GG den Charakter einer „Grundsatznorm" ab, weil es ihm an der erforderlichen Bestimmtheit fehle!

Nach *Wertenbruch*[15] handelt es sich bei Art. 2 I GG nicht um ein Recht, weil er nicht wie die Einzelfreiheitsrechte einen Ausschnitt aus der Summe denkbarer Berichtigungen umfasse, sondern deren Gesamtheit schlechthin. Er sei deshalb lediglich eine „objektive Rechtsnorm", bzw. „Grundnorm der Freiheit"[16] oder „Basisnorm", aus der ggf. einzelne Grundrechte abgeleitet werden könnten[17]. Freilich ließe sich auch hieraus wiederum nur schlußfolgern, daß Art. 2 I GG deshalb der Aktualität als Norm *überhaupt* entraten müßte und daß er weder objektives Recht mit der ihm eigenen Verbindlichkeit, noch auch eine subjektive Berechtigung enthalten könne.

Hält man hingegen Art. 2 I GG als „objektive Rechtsnorm" für hinreichend bestimmt[18], dann ist er es auch als subjektives Grundrecht.

---

[12] So *v. Mangoldt-Klein*, Kommentar S. 167; *ders.*, StuW 54, 31; *Wehrhahn*, AöR 82, 257 f./263.
[13] *v. Mangoldt-Klein*, Kommentar, S. 167 f.
[14] a.a.O.
[15] DVBl 58, 481 ff.; *ders.*, Menschenwürde, S. 33, 85, 119, 127.
[16] *Wertenbruch*, DVBl 58, 484 f.
[17] a.a.O., S. 486.
[18] *v. Mangoldt-Klein*, Kommentar S. 167; *Wertenbruch*, DVBl 58, 485.

Denn Grundlage für die Beurteilung der Bestimmbarkeit ist stets die Grundrechtsbestimmung als *objektive* Rechtsnorm[19].

Die Frage der Meßbarkeit eines Grundrechts ist für seinen Charakter als objektives Recht und als subjektive Berechtigung gleich zu beurteilen.

Wollte man andererseits daran festhalten, daß Art. 2 I GG *lediglich* objektives Recht darstellt, dann ist auch schwerlich zu verstehen, wie aus einem solchen Recht, dem ja keinerlei subjektive Berechtigung anhaften soll, einzelne subjektive Rechte sollen abgeleitet werden können[20].

b) Die Darstellung der Freiheitsrechte als „Ausgrenzungen" — kein geeignetes Mittel zur Widerlegung des Vagheitseinwandes

Zu dem Einwand der ungewöhnlichen Vagheit und Dehnbarkeit des Art. 2 I GG ist zu sagen, daß Art. 2 I GG kaum unbestimmter ist als eine Anzahl anderer Grundrechte, nicht unbestimmter etwa als Art. 4 I GG, das Grundrecht der Religionsfreiheit[21]. Bedenken gegen die Rechtssatzqualität bestehen deshalb nicht nur bei Art. 2 I GG, sondern auch bei den übrigen Freiheitsgrundrechten.

Auch der Auffassung *Wertenbruchs*[22], Art. 2 I GG stelle ein Grundrecht nicht dar, weil er nicht einzelne Berechtigungen, sondern alle denkbaren Freiheiten der Person schlechthin umfasse, kann nicht mit dem Hinweis entgegengetreten werden, daß auch die übrigen Freiheitsrechte des Grundgesetzes, deren Grundrechtscharakter nicht bestritten werde, nicht nur einzelne Betätigungen der Freiheit, sondern ebenfalls jeweils eine Anzahl, ein Bündel von Freiheitsbetätigungen gewährleisteten[23]. Denn die Einzelfreiheitsrechte und Art. 2 I GG heben sich gleichermaßen von dem technisch mehr durchgebildeten und gegenstandsbezogenen Recht etwa des Bürgerlichen Gesetzbuches durch generalklauselartige

---

[19] *Nipperdey*, GR IV/2 S. 746.

[20] So aber *Wertenbruch*, DVBl 58, 486; vgl. dazu die zutreffende Kritik bei *Nipperdey*, GR IV/2, S. 747.

[21] So *Nipperdey*, GR IV/2, S. 757; (Maunz)-*Dürig*, Kommentar, Art. 2 I Randn. 5.

[22] DVBl 58, 486.

[23] So nennt Art. 4 I GG die Freiheit des Glaubens *und* die Freiheit des Gewissens, *sowie* die Freiheit auch des Bekenntnisses, und zwar des weltanschaulichen wie des religiösen Bekenntnisses. Ähnliches ließe sich von den Grundrechten der Art. 5, 6, 9, 10, 12, 14 GG sagen: in jedem dieser Grundrechte sind eine Anzahl potentieller Freiheiten enthalten, die als aus dem Grundrechte erwachsende Ansprüche qualifiziert werden müssen und deren gegenständlicher Bezug nach Anspruchsobjekt und Anspruchsadressaten nur für den konkreten Einzelfall erkennbar wird.

Formulierungen und fehlende Gegenständlichkeit ab. Eine vergleichende Betrachtung des Art. 2 I GG mit den übrigen Grundrechten des Grundgesetzes würde also die Bedenken hinsichtlich der Bestimmbarkeit und Meßbarkeit des Grundrechts auf freie Entfaltung der Persönlichkeit nicht beseitigen, sondern vielmehr diese Bedenken auch auf die anderen Freiheitsrechte des Grundgesetzes übertragen.

Den am Wortlaut des Art. 2 I GG anknüpfenden Argumenten[24] gegen den Grundrechtscharakter des Art. 2 I GG wird entgegengehalten[25], daß bei Ausgrenzungen[26] die durch Art. 1 III GG begründete „Vermutung" für die Freiheit kaum widerlegbar sei. Anspruchsträger, Anspruchsadressat und Anspruchsobjekt seien hinlänglich bestimmt; was in Bezug auf das Freiheitsrecht zu unterlassen sei, sei stets bestimmt genug dadurch, daß für jeden staatlichen Eingriff eine positivrechtliche Deckung nötig sei. Selbst eine Freiheit, nach der alles zu unterlassen wäre, was nicht ausdrücklich erlaubt ist, sei rechtlich bestimmt genug. So gesehen sei Art. 2 I GG selbst dann bestimmt und praktikabel genug, wenn er nichts anderes enthielte als das Recht auf Freiheit von Verbindlichkeiten, die dem Grundrechtsträger nicht oblägen.

Diese Feststellungen gehen an den aufgeworfenen Fragen vorbei.

Zwar trifft es zu, daß Art. 2 I GG jedenfalls Eingriffe wegen fehlender gesetzlicher Grundlage bzw. wegen Zuständigkeits- oder Formmängeln als unzulässig erkennen lassen würde. Das betrifft jedoch nicht die von *Klein*[27] und *Wertenbruch*[28] aufgeworfene Problematik seiner inhaltlichen materiellen Meßbarkeit. Die mit dem Einwand der Unbestimmtheit und Vagheit des Grundrechts aufgeworfene Frage ist doch die, ob Gesetze und Handlungen der Exekutivorgane materiell an Art. 2 I GG gemessen werden können, ob Art. 2 I GG einen hinreichend bestimmten

---

[24] Das mehr funktionelle Argument von *Haas*, DÖV 54, 70, daß die Anerkennung von Art. 2 I GG als Grundrecht den Staat sprengen würde, ist bereits im Hinblick auf die im „Soweit"-Satz angefügte Schrankentrias nicht begründet (so *Maunz-Dürig*, Kommentar, Art. 2 I, Randn. 5) und muß auch, nachdem das Bundesverfassungsgericht den Grundrechtscharakter des Art. 2 I GG anerkennt, ohne daß bisher die von *Haas* befürchtete Folge eingetreten wäre, entfallen.

[25] *Nipperdey*, GR IV/2, S. 757 f.; (Maunz)-*Dürig*, Kommentar, Art. 2 I, Randn. 5 S. 6; *ders.*, JZ 57, 169.

[26] Auf das Verständnis der Freiheitsrechte als „Ausgrenzungen", als „Bereiche, vor denen die Staatsgewalt halt macht" (so *Forsthoff*, VVDStRL 12, 18), als „dem Recht nicht zugängliche" Bereiche (so wenigstens für den Wesensgehalt des Grundrechts BVerfGE 6, 389 [433]); als „prinzipiell unbegrenzte Sphären der Freiheit" (Carl *Schmitt*, Verfassungslehre, S. 158), als „Recht im negativen Sinne", nämlich „Freiheit vom Staat" (Carl *Schmitt*, Verfassungsrechtliche Aufsätze, S. 207) wird noch zurückzukommen sein.

[27] *v. Mangoldt-Klein*, Kommentar, S. 167 f.

[28] DVBl 58, 481.

Maßstab abgeben kann, um die materielle Zulässigkeit bestimmter konkreter Gesetze erkennen zu lassen.

Dem Einwand der Vagheit und Unbestimmtheit des Art. 2 I GG ist auch nicht mit dem Hinweis zu begegnen, daß Art. 2 I GG selbst dann bestimmt und praktikabel genug wäre, wenn er nichts anderes enthielte als das Recht auf eine Freiheit, nach der alles zu unterlassen wäre, was nicht ausdrücklich erlaubt ist[29]. Denn eine so verstandene Freiheit würde Inhalt und Grenzen vollständig aus denjenigen Gesetzen beziehen, die bestimmen, „was erlaubt“ ist.

Unzweifelhaft kann einerseits die Freiheit des Individuums, auch soweit sie durch Art. 2 I GG gesichert werden soll, keine unbegrenzte sein, weil sie um ihrer Gemeinschaftslage willen begrenzt ist und auch weiterhin begrenzt werden kann. Das ergibt sich aus der Schrankentrias des „Soweit“-Satzes in Art. 2 I GG.

Andererseits steht die Freiheit nicht jeglicher Einwirkung offen, denn Art. 2 I GG hat einen materiellen Eigenwert — und sei dies auch nur sein Wesensgehalt (Art. 19 II GG), der bestimmte „Eingriffe“[30] zuläßt und andere verbietet. Und gerade *hierin* liegt seine Unbestimmtheit, daß er nicht hinreichend erkennen läßt, *welche* Eingriffe zulässig sein sollen und wo anderenfalls die Grenzen der Sozialeinwirkung liegen können. Gerade darin besteht die behauptete Unbestimmtheit von Art. 2 I GG, daß er nicht darüber Auskunft geben kann, *was* obliegt, demgemäß auch nicht darüber, *was nicht* obliegt.

Auch ein Verständnis der Freiheitsrechte als Ausgrenzungen vermag daher dem Einwand fehlender Meßbarkeit und Justiziabilität nicht zu begegnen; jedenfalls nicht dann, wenn man den Grundrechten noch irgendwelchen materiellen Eigenwert beimißt und ihre Inhalte und ihre Meßbarkeit nicht lediglich nach den begrenzenden Gesetzen bemißt, sondern umgekehrt die Grundrechte zum Maßstab der Zulässigkeit der sie ausfüllenden und konkretisierenden einfachen Gesetze macht.

III. Aktuelle Bindungswirkung der Grundrechte als „Leitsätze“ — Verständnis der Wesensgehaltsgarantie des Art. 19 II GG

Dem Einwand, Art. 2 I GG sei zu vage und unbestimmt formuliert, als daß er als aktuelles Recht Bindungswirkung entfalten und dem Einzelnen eine subjektive Berechtigung verschaffen könne, wird kaum zu be-

---

[29] So (Maunz)-*Dürig*, Kommentar, Art. 2 I, Randn. 5, S. 6.

[30] Die Darstellung der grundrechtsbegrenzenden Gesetze als „Eingriffe“ entspricht einer räumlichen Vorstellung von einem ausgegrenzten Grundrechtsbereich, die der Grundrechts- und Schrankenvorstellung des Grundgesetzes kaum entspricht. Der Begriff findet nichtsdestoweniger um seiner Anschaulichkeit willen gelegentlich Anwendung.

gegnen sein, wenn an das Grundrecht Meßbarkeitsansprüche gestellt werden, die es erlauben sollen, im Wege der bloßen Ableitung dem Grundrecht unmittelbar konkrete und sachbezogene Maßstäbe für den Einzelfall zu entnehmen.

Die Grundrechte haben den Charakter von Generalklauseln[31], das gilt auch für Art. 2 I GG[32]. Ihre feierliche und zugleich weite Fassung ist darin begründet, daß sie als grundlegende Verfassungssätze umfassende Wirkung auf allen Rechtsgebieten entfalten sollen. Der Verfassungsgeber kann nicht die sämtlichen Geltungsanordnungen der gesamten Rechtsordnung vollständig und ins einzelne gehend in der Verfassungsurkunde niederlegen. Er muß sich deshalb mit der Aufstellung allgemeiner und summarischer Generalklauseln begnügen[33] die sich notwendig vom gegenständlichen Bereich entfernen[34]. Darauf beruht ihre Armut an Begriffen mit konkretem Inhalt, was sie einer Interpretationsmethode, die nur auf logischer Systematisierung beruht und die wesentlich am Wortlaut haftend durch derivativ-logische Operationen die Fallösung sucht, kaum zugänglich macht[35]. Wollte man bereits darin die fehlende Justiziabilität des Art. 2 I GG erblicken und deshalb die „Vermutung" des Art. 1 III GG zugunsten aktueller Bindungswirkung des Art. 2 I GG als eines subjektiven Rechts als widerlegt ansehen, entständen Zweifel, ob damit der Bedeutung des Art. 1 III GG Genüge getan wäre.

Art. 1 III GG muß vor dem geschichtlichen Hintergrund der Weimarer Reichsverfassung verstanden werden[36]. Die Bestimmung bricht mit dem in der damaligen Lehre vertretenen Verständnis der Grundrechte als bloßer Proklamationen und Programmsätze[37] zugunsten einer unmittelbaren Bindung *auch* des Gesetzgebers[38] an die Grundrechte.

Grundrechte, soweit sie nicht, wie etwa Art. 6 Abs. 5 GG, ausdrücklich als bloße Programme für den Gesetzgeber formuliert sind, dürfen nach dem ausdrücklichen Willen der Verfassung heute keinesfalls mehr als

---

[31] *Scheuner*, DVBl 58, 849; *ders.*, DÖV 56, 66; *Wintrich*, Zur Problematik, S. 15; Eike *v. Hippel*, Grenzen, S. 15; *Schindler*, Recht—Staat—Völkergemeinschaft, S. 78; *Häberle*, Die Wesensgehaltsgarantie, S. 8, 102, 185 ff.; *Wertenbruch*, Menschenwürde, S. 30, 85.

[32] *v. Mangoldt-Klein*, Kommentar, S. 163; (Maunz)-*Dürig*, Kommentar, Art. 2 I, Randn. 5; *Maunz*, StR, S. 103; *Nipperdey*, GR IV/2, S. 757; *Roemer*, Festschrift Dt. JT 1960, Bd. I, S. 568.

[33] *Häberle*, Die Wesensgehaltsgarantie, S. 8.

[34] *Wintrich*, Zur Problematik der Grundrechte, S. 15.

[35] Vgl. *Scheuner*, DVBl 58, 845.

[36] *Peters*, Das Recht auf die freie Entfaltung der Persönlichkeit, S. 47; *Scheuner*, VVDStRL 22, 34.

[37] Vgl. die Nachweise oben Einl. N. 22.

[38] *v. Krauss*, Der Grundsatz der Verhältnismäßigkeit, S. 23.

Programmsätze verstanden werden[39]; die Frage, ob Programmsatz oder Rechtsnorm ist heute endgültig durch Art. 1 III GG erledigt[40]. Damit hat das Grundgesetz die Grundentscheidung für die materielle Rangerhöhung der Verfassung über das Gesetz und damit für eine direkte Bindung auch des Gesetzgebers an die Grundrechte getroffen[41]. Durch Art. 1 III GG hat also der Bestand an Grundrechten der Weimarer Reichsverfassung, auch soweit er — von der einzelnen Grundrechtsnorm her gesehen — fast unverändert Eingang in das Grundgesetz gefunden hat[42], eine entscheidende Stärkung in der Rechtswirksamkeit erfahren, jedenfalls aber nach dem Willen des Grundgesetzes erfahren sollen. Die durch Art. 1 I, 1 II, 1 III, 2 I, 20 III, 79 III durchgeführte Etablierung der Grundrechte als materiell vorrangiger Normen[43] bedeutet deshalb zugleich die Abkehr von einem nur formellen Rechtsstaat- und Verfassungsverständnis zugunsten eines materiellen Verfassungsverständnisses und zugunsten eines Bekenntnisses zu dem im Grundgesetz hervorgehobenen Werte der Freiheit des Menschen[44]. Dieses Bekenntnis zu einem materiellen und wertgebundenen Rechtsstaatsbegriff, die Abkehr des Grundgesetzes von dem Gedanken einer wertneutralen Ordnung[45], von einem Verständnis der Verfassung als eines „wertneutralen Mehrheitsmechanismus"[46] ist letztlich historisch verständlich: Die Weimarer Republik war wesentlich an Wertneutralität und Formalisierung der Verfassung gescheitert[47], ein materielles und wertendes Verständnis der Grundrechte[48] schien geeignet, einer gefährlichen Wertentleerung[49] entgegenzuwirken[50] und die rechtsstaatlichen Mechanismen mit materiellen

---

[39] E. R. *Huber*, DÖV 56, 200 f.

[40] *Scheuner*, DÖV 56, 66; *Bachof*, Verfassungsrecht, Verwaltungsrecht, Verfahrensrecht, S. 7.

[41] *Scheuner*, Festschrift Dt. JT 1960, Bd. II, S. 259.

[42] Worauf *Wertenbruch* (Menschenwürde, S. 65 ff.) hinweist.

[43] *Uber*, Freiheit des Berufs, S. 22 f.

[44] Ähnlich *Hamel*, Grundrechte, S. 15, 27 f.; *Huber*, DÖV 56, 99; *Bachof*, VVDStRL 12, 38 ff.; *Scheuner*, Festschrift Dt. JT 1960, Bd. II, S. 230 f., 247; *Peters*, *Laun*-Festschrift 1953, D. 670; *Dürig*, AöR 81, 117; *Ehmke*, Wirtschaft und Verfassung, S. 49; *Gerber*, AöR 81, 4.

[45] BVerfGE 2, 1 (12); 5, 85; 6, 32 (40); 6, 55 (71); 7, 194 (205); 10, 302 (322).

[46] *Wintrich*, Zur Problematik, S. 11; *ders.*, Festschrift für Nawiasky 1956, S. 191 ff.

[47] *Peters*, Das Recht, S. 47; *Dürig*, summum ius summa iniuria, S. 86.

[48] Dagegen grundsätzlich *Forsthoff*, (Die Umbildung, Verfassungsrechtliche Abhandlungen, S. 147 ff., 151 f.); *ders.*, Die Bindung an Gesetz und Recht, Verfassungsrechtliche Abhandlungen, S. 176 ff.; *ders.*, Verfassungsrechtliche Abhandlungen, Vorwort, S. 7 f.

[49] Die gerade von *Forsthoff* beklagt wird als Fehlen eines „konsolidierten Wertbewußtseins" im gegenwärtigen Staatswesen (in: Die Bindung an Gesetz und Recht, Verfassungsrechtliche Abhandlungen, S. 177) und als „staatsideologische Unterbilanz" des Grundgesetzes (in: Verfassungsauslegung, S. 23).

[50] So *Hollerbach*, AöR 85, 241 (251).

Rechtsstaatsvorstellungen zu verbinden. Zudem handelt es sich bei den Grundrechten um grundlegende Güter der Gemeinschaft, die hinreichend allgemeinverbindlich sind, um als Inhalte von Normen von allgemeinverbindlicher Ordnungs- und Regelungsfunktion gelten zu können[51] und die deshalb nicht als „ideologische Gewichte“[52] von bloßem Tagesrang abgetan werden können.

Das Bekenntnis der Verfassung zu den Freiheitsrechten und die rigide Bindungsanordnung des Art. 1 III GG einerseits und das Ungenügen des Art. 2 I GG gegenüber rechtsstaatlichen Anforderungen an seine Bestimmbarkeit und Meßbarkeit andererseits sind der Interpretation aufgegeben. Wo starres Festhalten an einer Methode, die sich mit logischschlüssigen Ableitungen begnügen soll und die auch vor den Generalklauseln etwa des Bürgerlichen Rechtes gleichermaßen wie vor den Generalklauseln der Grundrechte zum Scheitern verurteilt ist, bei der Verwirklichung des Verfassungswillens versagen, müssen Mittel und Wege gefunden werden, den nun einmal zum Ausdruck gebrachten Willen der Verfassung zu verwirklichen.

Damit kann keine Abkehr von den bekannten Methoden juristischer Erkenntnis angestrebt sein, vielmehr nur ihre Ergänzung[53]; *Forsthoffs* Forderung[54], zu den alten bewährten Regeln der juristischen Hermeneutik zurückzukehren, stellt hingegen einen „Anachronismus“[55] und ein Zurückbleiben hinter den Anforderungen des Verfassungsgesetzes dar[56].

Eine auch wertende Interpretation birgt die Gefahr der Aushöhlung und willkürlichen Sinngebung[57], die Gefahr „irgendwelcher geisteswissenschaftlicher Arten der Deutung“[58], einer „nebulosen Wesensschau“[59] und „Verwischung des Normbegriffs“[60] nicht in stärkerem Maße in sich, als das bei der Gestalt, in der uns die Grundrechte, insbesondere aber Art. 2 I GG, entgegentreten ohnehin der Fall ist. Das ist die Folge ihres generalklauselartigen Charakters und nicht das Ergebnis eines materiellen und auch wertenden Grundrechtsverständnisses. Die spezifischen

[51] Vgl. bei *Evers*, AöR 90, 95.

[52] So *Forsthoff*, Die Bindung an Gesetz und Recht, Verfassungsrechtliche Abhandlungen, S. 183.

[53] *Hollerbach*, AöR 85, 251.

[54] *Forsthoff*, Verfassungsauslegung, S. 34, 39; *ders.*, Die Umbildung des Verfassungsgesetzes, in: Verfassungsrechtliche Abhandlungen, S. 148, 153 f.

[55] So *Nipperdey*, GR IV/2 S. 749 f. N. 33.

[56] *Scheuner*, VVDStRL 22, 61.

[57] Vgl. E. R. *Huber*, DÖV 56, 201.

[58] So *Forsthoff*, Die Umbildung des Verfassungsgesetzes, in: Verfassungsrechtliche Abhandlungen, S. 154.

[59] *Lerche*, DÖV 65, 214.

[60] So *Leisner*, DÖV 61, 650.

Schwierigkeiten der Grundrechtsinterpretation dürfen nicht zur Resignation vor der Aufgabe der Verwirklichung des materiellen Verfassungswillens führen, die das zentrale Anliegen der Auslegung zu sein hat[61]; weil das den Verzicht auf die Durchsetzung der aktuellen Wirkungskraft der Grundrechte zur Folge haben müßte, ein Ergebnis, das vor Art. 1 III GG und Art. 79 III GG keinen Bestand haben kann.

Wer gegen die materielle Geltungskraft der Grundrechte, auch des Art. 2 I GG, ein formales Gesetzesdenken aufruft[62], entfernt sich damit vom Boden des positiven geltenden Rechts[63], weil er die Grundrechtsbindung des einfachen Gesetzgebers eliminiert zugunsten einer gesetzgeberischen Souveränität, die das Grundgesetz erkennbar abschaffen wollte[64]. Die Einsicht, daß für die Grundrechte, und das gilt für Art. 2 I GG angesichts seiner mangelnden Bestimmbarkeit und Meßbarkeit in besonderem Maße, eine bloß systematisch-abstrahierende Auslegung nach dem Vorbild der zivilistischen Methode des 19. Jahrhunderts keine brauchbaren Lösungen erwarten läßt[65], muß zu einem Verzicht auf die Vorstellung führen, nach der der Rechtscharakter der Grundrechte daran gemessen wird, ob sie geeignet erscheinen, sich jederzeit durch bloße Ableitungsschlüsse in eine beliebige Anzahl von Ansprüchen und Einzelrechten auflösen zu lassen.

Die Grundrechte müssen statt dessen als „Grundsätze und Leitlinien"[66], als „Ausgangspunkte"[67] einer sie verwirklichenden und konkretisierenden staatlichen Gesetzgebung, als deren „grundlegende, richtungsweisende Wertmaßstäbe"[68] bzw. „Wertfestlegungen"[69], als „Richtpunkte"[70], „Richtlinien"[71] oder „Richtsätze"[72], bzw. „Leitsätze" der Freiheit[73] mit Geltung für die gesamte Rechtsordnung verstanden werden,

---

[61] *Leisner*, DÖV 61, 645; *Scheuner*, Festschrift Dt. JT 1960, Bd. II S. 259 f.

[62] *v. Mangoldt-Klein*, Kommentar, S. 167 f.; *Klein*, StuW 54, 31; *Wertenbruch*, DVBl 58, 401 ff.; *ders.*, Grundgesetz und Menschenwürde, S. 33, 85, 119, 127.

[63] Konrad *Hesse*, Smend-Festschrift 1962, S. 77 Nr. 24.

[64] *Geiger*, „Grundrecht", in Staatslexikon der Görres-Gesellschaft, Ziff. 6; *Maunz*, StR S. 99; *Scheuner*, Festschrift Dt. JT 1960 Bd. II S. 260; Konrad *Hesse*, Smend-Festschrift 1962, S. 75 f.

[65] So *Scheuner* (VVDStRL 22, 38 N. 111), der wie *Ehmke* statt dessen auf die Eignung einer topischen Methode (dazu *Viehweg*, Topik und Jurisprudenz; *Pestalozza*, Staat 1963, S. 429 f.; *Rupp*, Privateigentum an Staatsfunktionen?, S. 11 f. N. 19) hinweist.

[66] BVerfGE 2, 403; BGH JZ 53, 473.

[67] *van der Ven*, Grundrechte und Geschichtlichkeit, S. 27.

[68] *Scheuner*, VVDStRL 22, 37, 40.

[69] *Hamel*, Grundrechte, S. 14 f.

[70] *Scheuner*, DVBl 58, 848.

[71] Eike *von Hippel*, Grenzen, S. 15.

[72] *Scheuner*, Festschrift Dt. JT 1960, Bd. II, S. 259; *ders.*, VVDStRL 22, 44.

[73] *Scheuner*, DÖV 56, 66.

denen jedoch nichtsdestoweniger unmittelbare Rechtsverbindlichkeit auch gegenüber dem Gesetzgeber zukommt[74].

Hiervon ausgehend muß auch die Gebundenheit des Gesetzgebers an die Grundrechte gemäß Art. 1 III GG einen eigenen Sinn erhalten. Interpretation des Freiheitsrechtsleitsatzes durch Konkretisierung und Ausgestaltung seitens des Gesetzgebers, aber auch des Richters, kann dann nicht mehr bedeuten: systematische Ableitung eines konkreten, im Freiheitsrecht „ohnehin" enthaltenen[75] konkreten Einzelanspruchs, denn eben dies erscheint in Anbetracht seines generalklauselartigen Charakters nicht möglich, ohne das Grundrecht einem bloßen Dezisionismus und willkürlicher Sinngebung auszuliefern[76]. Gebundensein an das Freiheitsrechtsleitbild kann dann vielmehr lediglich besagen, daß der Gesetzgeber an das Freiheitsinteresse und den Gedanken der Selbstbestimmung des einzelnen bei der Ordnung seiner Lebensverhältnisse[77] gebunden ist, daß die gesetzgeberische Betätigung im Grundrechtsbereich diese Individualität zu achten hat und daß die Verwirklichung von Gemeinschaftsanliegen durch die staatliche Gesetzgebung in irgendeiner Weise durch das Erfordernis der Bewahrung dieser auch die Grundlage des Gemeinschaftslebens bildenden[78] individuellen Freiheit begrenzt sein muß[79].

Der damit festgestellten objektiven und unmittelbaren Bindungswirkung des Art. 2 I GG korrespondiert auf der Seite des Grundrechtsberechtigten eine subjektive Berechtigung. Diese mag sich zunächst schon aus dem Wortlaut[80] des Art. 2 I GG ergeben: „Jeder hat das Recht ...". Dies ist aber auch dem Sinn und Zweck der Grundrechte zu entnehmen, die sich nur dann verwirklichen lassen, wenn der einzelne selbst Wahrer der Grundrechte ist, ihm also ein Anspruch gegenüber der Staatsgewalt auf das der Grundrechtsnorm entsprechende Verhalten zusteht[81]. Das als positive Festlegung der Individualität eines jeden ver-

---

[74] Auch *Klein (v. Mangoldt-Klein,* Kommentar, S. 167) und *Wertenbruch* (Menschenwürde, S. 85, 119, 137) bezeichnen Art. 2 I GG als „Leitsatz", sprechen diesem aber im Gegensatz zu der hier vertretenen Auffassung keine unmittelbare Grundrechtsbindung zu. Ähnlich auch *Maunz,* StR, S. 89, der Art. 2 I GG mehr i. S. eines Programmsatzes verstanden wissen will.

[75] Vgl. zu dieser Vorstellung auch kritisch *Rupp,* NJW 65, 994 N. 8.

[76] E. R. *Huber,* DÖV 56, 201.

[77] Eike *v. Hippel,* Grenzen, S. 16.

[78] *Hamel,* Grundrechte, S. 14 ff.; *Scheuner,* Der Inhalt der Koalitionsfreiheit. S. 40 f.

[79] *Häberle,* Die Wesensgehaltsgarantie, S. 34.

[80] *Zippelius,* Wertungsprobleme im System der Grundrechte, S. 23.

[81] Das wird zutreffend bejaht von BVerfGE 6, 32 (41): „Jedermann kann im Wege der Verfassungsbeschwerde geltend machen, ein seine Handlungsfreiheit beschränkendes Gesetz gehöre nicht zur verfassungsmäßigen Ord-

standene Freiheitsrecht wird überhaupt als zum Range sowohl einer objektiven Norm als auch eines subjektiven Rechts erhobene Festlegung der Rechtssubjektivität eines jeden schlechthin[82], als das subjektive Recht par excellence[83] angesehen werden müssen, wenn es seine Aufgabe als Bezugspunkt staatlich ordnender Tätigkeit im Spannungsbereich zwischen Individuum und Gemeinschaft erfüllen soll[84]. Daß die Grundrechte als subjektive Berechtigungen, als „Beherrschungsrechte"[85] dem Träger eines Interesses auch die Willensmacht zur Durchsetzung dieses Interesses verleihen[86], ergibt sich auch daraus, daß das Grundgesetz dem Einzelnen die rechtsstaatlichen Mechanismen zur Durchsetzung dieser Rechte zur Verfügung stellt[87]. Das Verständnis der Freiheitsrechte als bloßer „Leitsätze", die Ablehnung einer Vorstellung von einer „an sich unbegrenzten" Freiheit und ihre Ersetzung durch das Bild einer von vornherein gebundenen, „sozialen" Freiheit (Art. 20 I GG), die Bindung des einfachen Gesetzgebers gemäß Art. 1 III GG an das von ihm zu gestaltende Freiheitsrecht selbst und der hiermit im Zusammenhange stehende Gedanke der Immanenz der Geltungsgrenzen der Freiheitsrechte lassen Grundrechtsprobleme in einem geschlossenen Zusammenhange erscheinen, der den Art. 19 II GG als entbehrlich erscheinen lassen könnte. Diese Konsequenz einer Lehre von den immanenten Grundrechtsgrenzen ist bekannt[88], und wenngleich es nicht der Gegenstand

---

nung, weil es gegen einzelne Verfassungsbestimmungen oder Verfassungsgrundsätze verstoße; deshalb werde *sein* Grundrecht aus Art. 2 I GG verletzt." Ebenso *Dürig*, JR 52, 260; *Wintrich*, Zur Problematik, S. 32; *ders.*, Schutz der Grundrechte, S. 7; *ders.*, Festschrift für Apelt, S. 8, Eike *v. Hippel*, Grenzen, S. 14.

[82] *Roemer*, Festschrift, Dt. JT 1960, Bd. I, S. 552.

[83] *Rupp*, Grundfragen, S. 108, 152, 176.

[84] *Rupp*, Grundfragen, S. 176.

[85] *Bachof*, Gedächtnisschrift für W. Jellinek, 1955, S. 293; *ders.*, VVDStRL 12, 84, Leitsatz 26: „Objektivrechtlich gewährte und gewollte Begünstigungen des öffentlichen Rechts sind unter der Verfassungsordnung des Grundgesetzes subjektive öffentliche Rechte."

[86] *Bachof*, VVDStRL 12, 73.

[87] Vgl. bei Richard *Thoma*, H. d. Dt. StR Bd. II, S. 617: „so also gelangt man zum engsten Sinne des Begriffes subjektives Recht, dem das rechtsstaatlich geschützten Anspruchs. Danach ist nur die vollgeschützte Rechtsbefugnis als echtes subjektives Recht zu bezeichnen, d. h. diejenige, zu deren Schutz irgendein unabhängiges Gericht angerufen werden kann"; vgl. auch bei *Uber*, Freiheit des Berufs, S. 16 f.; *Bruns*, Festschr. *Nipperdey*, 1965, S. 4 — mit Nachweisen.

[88] Sie wird, wie Eike *von Hippel*, Grenzen, S. 55 N. 26 bemerkt, vom Bundesverfassungsgericht bereits im Apothekenurteil (BVerfGE 7, 409) ganz unmißverständlich dargelegt: „Von dem hier eingenommenen Standpunkt aus kann dahingestellt bleiben, ob aus dem Verbot der Antastung des Wesensgehalts der Grundrechte sich weitere Grenzen für den Regelungsgesetzgeber des Art. 12 Abs. 1 S. 2 GG ergeben würden und wie sie im einzelnen zu ziehen wären. Denn die vorstehenden Darlegungen haben ergeben, daß bereits eine dem Sinn des Grundrechts und seiner Bedeutung im Rahmen des

dieser Untersuchung ist, die Wesensgehaltsgarantie des Art. 19 II GG im einzelnen auf ihre Bedeutung im Rahmen einer Immanenzlehre zu überprüfen, so muß doch der Versuch unternommen werden, gewisse Folgerungen aus diesem Grundrechtsverständnis auch für Art. 19 II GG zu ziehen.

Ein Grundrechtsdenken, das sich von der herkömmlichen Eingriffs- und Schrankenlehre abwendet, wird schon um der Geschlossenheit der eigenen Vorstellungen willen bestrebt sein, den traditionellen Normenbestand in diesem Sinne zu interpretieren. Dies war bereits für die geschriebenen Grundrechtsschrankenvorbehalte geschehen, in denen vielfach von „Eingriffen" und „Einschränkungen" der Grundrechte die Rede ist. Zu jenem Bestande von Verfassungsrechtsnormen im Grundrechtsbereich, die Ausdruck jenes Eingriffs- und Schrankendenkens sind, gehört auch Art. 19 II GG. Allein sein Wortlaut, „In keinem Falle darf ...", geht erkennbar davon aus, daß ein Grundrecht durch Gesetz oder auf Grund Gesetzes „eingeschränkt", nämlich von außen her (räumlich) vermindert wird. Gerade aus diesem Grunde wird auch vom Bundesverfassungsgericht die Anwendbarkeit des Art. 19 I 2 GG für Art. 2 I GG[89] und Art. 12 I 2 GG[90] verneint, weil es sich bei der Verwirklichung der Regelungsschranke des Art. 12 I 2 GG und bei der „verfassungsmäßigen Ordnung" i. S. des Art. 2 I GG nicht um wirkliche „Eingriffe" in die Substanz des Grundrechts handle[91]. Art. 19 II GG wird in der Lehre weitgehend dahin ausgelegt, daß er ebenso wie das von der Eingriffs- und Schrankenlehre herkömmlicher Art verstandene Grundrecht selbst eine substanzhafte gedachte Garantie für einen räumlich-gegenständlichen Grundrechtskernbereich enthält[92]. Auch das Bundesverfassungsgericht geht, jedenfalls soweit seine Rechtsprechung zu Art. 2 I GG dem Elfes-Urteil[93] folgt, von einer Wesensgehaltsvorstellung als eines absolut gedachten und unantastbaren (rechtsfreien) Raumes aus, wenn es sagt:

„Sicherlich gibt es ... einen letzten, unantastbaren Bereich menschlicher Freiheit ..., der *der Einwirkung der gesamten öffentlichen Gewalt entzogen,*

---

sozialen Lebens Rechnung tragende Auslegung zu einer sachgemäßen Begrenzung der Regelungsbefugnis des Gesetzgebers führt"; vgl. dazu auch die Erörterungen bei *Häberle*, Die Wesensgehaltsgarantie, S. 234 ff.

[89] BVerfGE 10, 89 (99).

[90] BVerfGE 13, 97 (122).

[91] Der Satz: „Denn Art. 19 Abs. 1 Satz 2 GG bezieht sich nicht auf die allgemeine Handlungsfreiheit; sie ist *von vornherein* nur unter dem Vorbehalt der verfassungsmäßigen Ordnung gewährleistet" (BVerfGE 10, 89/99) gilt auch für die Anwendung des Art. 19 Abs. 2 GG.

[92] So die Vertreter der Substanztheorien, *v. Mangoldt-Klein*, Kommentar, S. 557, 559; *Wernicke*, BK, Erl. II a zu Art. 19 GG; *Wintrich*, Apelt-Festschrift, S. 7; *ders.*, Zur Problematik der Grundrechte, S. 19 f., 29; E. R. *Huber*, DÖV 56, 142 f.; *Roemer*, Festschr. Dt. JT 1960 Bd. I S. 571: V. *Krauss*, Der Grundsatz der Verhältnismäßigkeit, S. 48.

[93] BVerfGE 6, 32 ff.

in den *einzudringen* also dem Gesetzgeber schlechthin verwehrt ist. Dieser Bereich wird aber verlassen, wenn Handlungen des Menschen in den Bereich eines anderen einwirken ... Grundsätzlich gibt schon die Berührung der Persönlichkeitssphäre eines anderen Menschen einer Handlung den Bezug auf das Soziale, der sie *dem Recht zugänglich macht*[94]."

Hier findet sich jene Vorstellung von den Freiheitsrechten als Reservaten oder rechtsleeren Räumen, die zumindest für den Wesensgehalt des Grundrechts die Fiktion eines absolut uneinschränkbaren Freiheitsbereichs errichtet, und die den Grundrechtsbereich außerhalb dieses Kernbereichs einer ebenso absoluten Einschränkbarkeit preisgibt; ein Vorgang, der bereits als „Leerlaufen" des Grundrechts bis auf seinen Wesensgehalt gekennzeichnet worden war[95]. Wenn die Vorstellung von Grundrechten als von rechtsfreien Räumen, die dem „Eingriff" des Gesetzgebers unterliegen, aufgegeben wird zugunsten eines Verständnisses der Freiheitsgrundrechte als Leitsätze und einer von vornherein begrenzt gedachten Freiheit, dann kann auch die Vorstellung von einem nicht einschränkbaren absoluten Kernbereich des individuellen subjektiven Rechts nicht mehr aufrechterhalten werden.

Die durch die Einlagerung des Grundrechts in die Verfassungsordnung als Ganzes bedingte Relativierung verbietet die Vorstellung von einem absoluten Wesensgehalt desselben Grundrechtes, wenn man nicht auch den Wesensgehalt in ähnlicher Weise variabel und relativiert mitdenken will[96], weil Fälle denkbar sind, in denen ein an sich erforderlicher und auch verhältnismäßiger „Eingriff" in ein Freiheitsrecht jenen absoluten Kern berührt[97]. Das zeigt die vom Bundesverwaltungsgericht vertretene Auffassung vom Wesensgehalt und seinem Verhältnis zum Schrankenverständnis. Es geht von einem absoluten Wesensgehaltsverständnis aus[98], unterwirft aber das Grundrecht als solches jeder Einschränkung im Rahmen der sog. Gemeinschaftsklausel und gelangt schließlich zu dem — unhaltbaren[99] — Ergebnis der Zulässigkeit der Einschränkung des von ihm absolut und substanzhaft verstandenen Wesensgehalts[100]. Ähnlich bedenklich ist eine Vorstellung, wonach

---

[94] BVerfGE 6, 389 (433) unter Bezugnahme auf BVerfGE 6, 32 (41); ebenso BVerfGE 17, 232 (251); Hervorhebungen vom *Verf.*

[95] s. o. Einleitung.

[96] So wohl der Bundesgerichtshof in DÖV 55, 730; vgl. die Kritik bei *Lerche*, Übermaß S. 80 an *v. Krauss*, Der Grundsatz der Verhältnismäßigkeit, S. 48 ff.

[97] Unklar *Bachof* (JZ 58, 468 [470]), der einerseits einer Heranziehung der Methode differenzierender Güterabwägung des Apothekenurteils (BVerfGE 7, 377 ff.) auch für die Wesensgehaltsbestimmung das Wort redet, zugleich jedoch die Methode des Bundesgerichtshofes (DÖV 55, 730) verwirft, der doch gerade in dieser Weise vorgeht.

[98] BVerwGE 1, 269 (273); 2, 295 (300) — Substanzrestgarantie.

[99] *Hamel*, Grundrechte, S. 39 f.; *Bachof*, Verfassungsrecht, Verwaltungsrecht, Verfahrensrecht, S. 15 f.

[100] BVerwGE 1, 92 (94); 2, 85 (87).

jemand, der sich bei der Rechtsausübung in den Grenzen seines (absoluten) Wesensgehalts hält, auch in die Rechte anderer eingreifen oder gegen die verfassungsmäßige Ordnung oder das Sittengesetz verstoßen dürfe[101]. Denn wenn man mit der Substanzgarantie davon ausgeht, daß der Wesensgehalt eine Art verdichteten Grundrechtskern mit — räumlich verstanden — geringerer Ausdehnung darstellt, dann kann dieser Wesensgehalt mit den Rechten anderer denknotwendig nicht kollidieren.

Wo schließlich eine raumhafte Grundrechtsvorstellung (Ausgrenzung) mit dem Gedanken der Güterabwägung verknüpft wird, muß auch der Wesensgehalt einer solchen „Relativierung", der das Grundrecht selbst ausgesetzt ist, unterworfen werden[102]; daß der ohnehin kaum bestimmbare[103] absolute und substanzhafte Wesensgehalt dadurch bestimmbarer würde, ist nicht erkenntlich. Schließlich müßte aber auch diese Sicht des Verhältnisses des Grundrechts zu seinem Wesensgehalt letztlich an Problemen wie der lebenslänglichen Freiheitsstrafe scheitern. Ein dem Grundsatz der Erforderlichkeit und Verhältnismäßigkeit unterworfener Wesensgehalt des individuellen subjektiven Rechts vermöchte auch keinen weiteren Schutz der Freiheit zu gewährleisten als das der Erforderlichkeit und Verhältnismäßigkeit staatlicher Eingriffe ausgesetzte Grundrecht selbst; die Wesensgehaltsgarantie würde überflüssig[104] und damit völlig entwertet.

Der Versuch, die absolute Wesensgehaltslehre mit einer Güterabwägung zu verbinden[105] oder die Wesensgehaltsgarantie sogar mit dem Übermaßverbot zu identifizieren[106], kann wohl kaum als gelungen betrachtet werden. Das ergibt sich zwar nicht aus einer Überbewertung des Wortlautes „Wesensgehalt"[107], sondern vor allem daraus, daß der Vorschrift des Art. 19 II GG, verstanden als Sitz des Verhältnismäßigkeitsprinzips[108] neben einer als „Leitsatz" verstandenen Grundrechtsnorm

---

[101] So *Krüger*, DÖV 55, 598; dazu *Dürig*, AöR 81, 137 N. 44; *Wertenbruch*, Grundgesetz und Menschenwürde, S. 82.

[102] So BGH DÖV 55, 729 f.

[103] BGH DÖV 55, 729 f.

[104] BVerfGE 7, 377 (409); *Häberle*, Die Wesensgehaltsgarantie, S. 234 (235); Eike *von Hippel*, Grenzen, S. 63.

[105] Durch Vorschaltung der Güterabwägung vor die Wesensgehaltsgarantie — vgl. *Wintrich*, Apelt-Festschrift, S. 7 ff., oder durch Identifizierung von Wesensgehalt und Grundrecht: „Die Vorschriften der GiftVO könnten nur dann verfassungswidrig sein, wenn sie ein Grundrecht in seinem Wesensgehalt antasten (vgl. Art. 19 II GG). Dies trifft jedoch schon deshalb keinesfalls zu, da die Regelung des Verkehrs mit Giften im Interesse der öffentlichen Gesundheit und Sicherheit erfolgt ist und erfolgen mußte" (BayVerfGH NF Bd. 5 II S. 148 [158]).

[106] *Häberle*, Die Wesensgehaltsgarantie, S. 64 ff.; Eike *von Hippel*, Grenzen, S. 47 f.

[107] Wie Eike *von Hippel*, Grenzen, S. 48, meint.

[108] So auch *Dürig*, AöR, 81, 176; *Zippelius*, DVBl 56, 353.

des Art. 2 I GG, die allein wegen ihrer Einordnung in das Ganze der Verfassungsrechtsgüterordnung, insbesondere wegen Art. 20 GG (Sozialstaatsklausel) den Grundsatz der Güterabwägung und den des Verhältnismäßigkeitsdenkens ohnehin produziert, keinerlei selbständige Bedeutung mehr zukommen kann[109].

Es bietet sich als Ausweg an, einen als Substanzgarantie verstandenen Art. 19 II GG nicht auf das individuelle konkrete Recht zu beziehen, sondern auf die institutionelle Seite des Freiheitsrechts, also denjenigen Bestand an objektivrechtlichen Verfügungen, die das Wesen des Grundrechts in seiner objektiven Ordnungsfunktion bestimmen[110]. Freiheit muß institutionell noch möglich sein. Der Gesetzgeber darf nicht durch eine Anzahl von Gesetzen, die, jedes einzelne für sich gesehen sich durchaus noch im Rahmen der Erforderlichkeit und Verhältnismäßigkeit halten können, die freie Entfaltung für einzelne Lebensbereiche institutionell lahmlegen. Ein so verstandener Art. 19 II GG garantierte dann wohl nicht den gesamten Bestand freiheitsgestaltender Gesetze, denn es würde dann zum Wesensgehalt der gesamte traditionelle Freiheitsbestand gehören mit der Folge, daß der Gesetzgeber diesem gegenüber nicht mehr tätig werden könnte[111]. Es sind vielmehr die wesentlichen Kriterien, Struktur und Funktion des Freiheitsrechts zu erhalten[112]. Wo dieser Grundbestand der Freiheit, insbesondere die Freiheitsrechtsnorm selbst angegriffen wird, ist zugleich im Sinne von *Dürigs* Formulierung[113] jener Punkt erreicht, von dem an der Mensch zum bloßen „Objekt" und der staatlichen Gewalt ausgeliefert wird.

---

[109] Im Gegensatz hierzu ließen sich die Grundrechts-Schrankenvorbehalte immerhin als Maßgaberahmen staatlicher Gesetzgebung sinnvoll in dieses Grundrechtsbild einfügen und sie erfüllen auch als solche in vollem Umfange die ihnen zugedachte Funktion, die verchiedenen Freiheitsrechte in differenzierter Weise in das Ganze der Verfassungsordnung einzufügen.

[110] So, wenn auch im einzelnen unterschiedlich *v. Mangoldt-Klein*, Kommentar, S. 554; *Lerche*, Übermaß, S. 237 ff. Damit wird keineswegs, wie Eike *von Hippel* (Grenzen, S. 48 N. 4) meint, das Grundrecht willkürlicher Manipulation ausgesetzt. Die zivilisierte arbeitsteilige Gesellschaft mit Geldwirtschaft vermag sich nicht erträglicher Einbrüche Asozialer durch (ggf. lebenslängliche) Gewahrsamnahme zu erwehren. Weitergehende Maßnahmen sind unverhältnismäßig. Die Abschaffung der Todesstrafe entsprach diesem freiheitlichen Geist der Verfassung — ihre Wiedereinführung wäre — von Art. 102 GG abgesehen — verfassungswidrig.

[111] So Dietrich *Jesch*, Unveröffentlichtes Manuskript einer Grundrechtsvorlesung, gehalten im WS 1962/63 an der Universität Marburg.

[112] *Lerche*, Übermaß, S. 239 ff.; *ders.*, GR IV/1 S. 478: „institutioneller Kerngehalt".

[113] ZgesStW 109, 329; *ders.*, NJW 55, 730 N. 21; *ders.*, GR II S. 521 f.

Drittes Kapitel

Zu dem Versuche, die gesetzgebende Gewalt bei der Verwirklichung einer „verfassungsmäßigen Ordnung" an die Freiheitsrechte „außerhalb von Art. 2 I GG selbst" zu binden

I. Die Verschiedenheit der Themata der Freiheitsrechte — einschließlich des Art. 2 I GG — das entscheidende Hindernis für ein solches Vorgehen

Es war bereits oben dargestellt worden[1], daß das Bundesverfassungsgericht den Versuch unternommen hat, dem „Leerlaufen" des Grundrechts des Art. 2 I GG entgegenzuwirken, indem es für die „Verfassungsmäßigkeit" eines das Grundrecht des Art. 2 I GG einschränkenden Gesetzes forderte, daß es mit der Verfassung „außerhalb des Art. 2 I GG voll vereinbar sein" müsse[2]. Die Verfassung „außerhalb von Art. 2 I GG" als Maßstab grundrechtsgestaltender Gesetzgebung für den Themabereich des Art. 2 I GG selbst sollte eine Bindung des Gesetzgebers bewirken; die materiellen Gehalte der Einzelfreiheitsrechte „außerhalb von Art. 2 I GG selbst" sollten in das Grundrecht auf die freie Persönlichkeit einfließen[3] und dieses damit an der Schutzverbürgung der „außerhalb" seiner selbst gewährleisteten Einzelfreiheitsrechte „partizipieren"[4].

Im folgenden soll untersucht werden, ob der Versuch, auf diese Weise irgendeine Bindung auch für „Eingriffe" in das Grundrecht des Art. 2

[1] s. o. Einleitung.

[2] BVerfGE 9, 137/146; 17, 306/313.

[3] Vgl. bei *Rupp*, NJW 65, 994 N. 8.

[4] *Rupp*, NJW 66, 2037; vgl. die Bedenken *Lerches* (Übermaß, S. 298 N. 157): „Wie kann die Berufung auf externe Vorschriften dartun, daß Art. 2 I GG auf diese Weise nicht zu einem leerlaufenden Grundrecht wird, wo es doch allein um die Eigenbedeutung des Art. 2 I GG geht?". Dem wird mit dem Hinweis auf die verbleibende prozessuale Bedeutung des Art. 2 I GG in der Verfassungsbeschwerde kaum entgegengetreten werden können (vgl. aber *Schumann*, Verfassungsbeschwerde, S. 181 N. 7); abgesehen davon, daß die Verfassungsbeschwerde nicht einmal auf einer Rechtsnorm mit Verfassungsrang beruht und daß es deshalb unverständlich erscheint, dem Art. 2 I GG gerade noch diese Funktion als verfahrensrechtlichen Restbestand einzuverleiben (vgl. bei *Rupp*, NJW 65, 994 N. 8), würde es einen nach Art. 1 III GG unzulässigen Verzicht auf jegliche materiell-inhaltliche Bedeutung des Art. 2 I GG darstellen, wenn man ihn in die Rolle eines bloß prozessualen Rügebehelfs drängen würde.

I GG herzustellen, nicht deshalb von vornherein mißlingen muß, weil jedes Grundrecht — auch das Grundrecht des Art. 2 I GG — auf eine „thematisch" selbständige Freiheit bezogen ist[5] und weil deshalb Gesetze, die thematisch eines der Einzelfreiheitsrechte betreffen, das Grundrecht des Art. 2 I GG möglicherweise nicht einmal thematisch berühren — und umgekehrt.

1. Art. 2 I GG — das Grundrecht einer thematisch umfassenden allgemeinen Handlungsfreiheit

Mit dem Bundesverfassungsgericht[6] und der überwiegenden Auffassung des Schrifttums[7] ist davon auszugehen, daß Art. 2 I GG das Grundrecht der allgemeinen und umfassenden Handlungsfreiheit enthält[8], das durch jede gesetzgeberische Regelung im Grundrechtsbereich (Freiheitsrechtsbereich), durch jeden „Eingriff" in die Freiheit schlechthin stets „notwendig mit betroffen"[9] ist. Das Grundrecht des Art. 2 I GG ist also thematisch immer berührt, auch bei Eingriffen in die Berufsfreiheit, die Meinungsfreiheit etc.; es ist aber daneben — und hier liegt seine eigentlich selbständige Bedeutung als Auffangrecht — thematisch stets dann berührt, wenn eines der Einzelfreiheitsrechte außerhalb seiner selbst nicht zum Zuge kommt.

Die hiervon abweichende und systematisch begründete Auffassung *Hamels*[10], wonach die Einzelfreiheitsrechte lediglich differenzierte Funktionen schützen sollen, von denen jede gemäß ihrem besonderen Inhalte nur bestimmten Menschen die Entfaltung der Persönlichkeit biete, so daß diese Funktionen nicht schon im allgemeinen Freiheitsrecht enthalten sein könnten, sieht die thematischen Anwendungsbereiche der Ein-

---

[5] Vgl. neuestens bei *Rupp*, NJW 66, 2037/2038.

[6] BVerfGE 6, 32 (37); 8, 274 (328); 9, 3 (11); 10, 89 (99); 10, 354 (363); 12, 341 (347); 13, 97 (104); 13, 181 (185); 13, 290 (296).

[7] Vgl. die Nachweise oben 1. Kap. I N. 2.

[8] Das kommt vielfach auch in den Bezeichnungen des Art. 2 I GG zum Ausdruck; z. B. „Hauptfreiheitsrecht" ([Maunz]-*Dürig*, Kommentar, Art. 2 I, Randn. 6; *Nipperdey*, GR IV/2, S. 758; *Menger*, Sozialer Rechtsstaat, S. 25; *Hamann*, Kommentar, Art. 2, Anm. A 3; *ders.*, Wirtschaftsverfassungsrecht, S. 82); „allgemeinstes und oberstes Freiheitsrecht" (*Krüger*, Grundgesetz und Kartellgesetzgebung, S. 13; *Dürig*, JR 52, 261; *ders.*, AöR 79, 60); „Generalklausel" (*v. Mangoldt-Klein*, Kommentar, S. 171; E. R. *Huber*, Wirtschaftsverwaltungsrecht, Bd. I, S. 660; *Uber*, Freiheit des Berufs, S. 63; *Laufke*, Festschrift für H. *Lehmann*, Bd. I, S. 159 f.); „generelles Freiheitsrecht" (*Dürig*, Festchrift für *Nawiasky*, 1956, S. 158; *ders.*, JZ 57, 170).

[9] So BVerfGE 13, 290 (296); diese für die gesamte einschlägige Rechtsprechung des Gerichts zur Abgrenzung des Art. 2 I GG von den Einzelfreiheitsrechten paradigmatische Entscheidung bestätigt die Auffassung *Wehrhahns* (AöR 82, 254), daß das Gericht das Verhältnis des allgemeinen Freiheitsrechts zu den Einzelfreiheitsrechten als das einer „Garantiekonkurrenz" verstehe.

[10] Grundrechte, S. 30, 36.

zelfreiheitsrechte als — bildlich gesehen — Ausschnitte aus dem Gesamtbereich der grundrechtlich geschützten Freiheit und denkt den tatbestandsmäßigen (thematischen) Anwendungsbereich des Art. 2 I GG von vornherein um die den Einzelfreiheitsrechten zuzuordnenden Lebensbereiche verkürzt und nicht nur überdeckt.

Hamels Auffassung vermag den Charakter des Art. 2 I GG als Auffangrecht bei Versagen der Einzelfreiheitsrechte[11] kaum zu erklären. Denn nur dann, wenn Art. 2 I GG als das auch die Anwendungsbereiche der Einzelfreiheitsrechte tatbestandsmäßig mitumfassende und deshalb thematisch „stets mit betroffene"[12] Grundrecht verstanden wird, läßt sich begründen, daß er — bildlich gesehen — dort wieder zum Vorschein kommt, wo die Einzelfreiheitsrechte nicht mehr hinreichen.

Die gegenteilige Auffassung hat in einer Entscheidung des Bundesverwaltungsgerichts[13] „prompt"[14] dazu geführt, daß die lückenfüllende Komplementärfunktion des Art. 2 I GG übersehen wurde: Nachdem das Gericht festgestellt hatte, daß Art. 11 GG thematisch die Freizügigkeit lediglich innerhalb des Bundesgebietes umfasse, daß Art. 11 GG also für die Ausreisefreiheit nicht einschlägig sei, hätte für die weitere Untersuchung feststehen müssen, daß deshalb das Auffangrecht des Art. 2 I GG thematisch einschlägig sei. Statt dessen wird ausgeführt, daß auch Art. 2 I GG nicht eingreife, weil die Frage, wie weit das Recht auf Freizügigkeit mit verfassungsrechtlichem Schutz versehen sei, allein nach Art. 11 GG zu beurteilen sei. Es könne nicht angenommen werden, daß der Grundgesetzgeber das Recht auf Freizügigkeit ganz allgemein als einen Teil des Rechts auf freie Entfaltung der Persönlichkeit durch Art. 2 I GG noch über die Grenzen hinaus, die sich aus Art. 11 GG ergäben, habe gewährleisten wollen. Wenn der Grundgesetzgeber dies habe beabsichtigen wollen, so sei es überflüssig gewesen, für das Recht der Freizügig in Art. 11 GG besondere Bestimmungen zu treffen[15]. Ebenso wie dies vom Bundesverwaltungsgericht für Art. 12 GG bereits ausgeführt worden sei[16], sei auch Art. 11 GG als ein Spezialgesetz *ohne* Bindung an Art. 2 GG aufzufassen.

Der Fehler der Entscheidung liegt darin, daß die Themata von Art. 2 I GG und Art. 11 GG nicht deutlich abgesteckt werden. *Bachof*[17] kennzeichnet ihn wie folgt:

---

[11] Vgl. BVerwGE 1, 48 (51); 3, 130 (133).
[12] So BVerfGE 13, 290 (296).
[13] BVerwGE 3, 130 (133).
[14] So (Maunz)-*Dürig*, Kommentar, Art. 2 I Randn. 7.
[15] Hier wird auch die Bedeutung der besonderen Schrankengestaltung bei den Einzelfreiheitsrechten verkannt — vgl. (Maunz)-*Dürig*, Kommentar, Art. 2 I, Randn. 7.
[16] Vgl. BVerwGE 1, 48 (51).
[17] Verfassungsrecht, Verwaltungsrecht, Verfahrensrecht, S. 14.

„Eine Vorschrift, die eine bestimmte Materie gar nicht regelt, soll eben diese selbe Materie zugleich speziell und abschließend regeln."

Vom Standpunkt des Bundesverwaltungsgerichts aus betrifft Art. 11 GG eben nur die Freizügigkeit im Inland, nicht auch die Ausreisefreiheit, so daß Art. 11 GG keine abschließende Regelung für die Ausreisefreiheit enthalten kann[18]. Die Entscheidung zeigt aber zugleich, wie leicht die Auffangfunktion des Art. 2 I GG übersehen werden kann, wenn das Grundrecht von vornherein als um die von den Einzelfreiheitsrechten erfaßten Lebensbereiche vermindert gedacht wird[19].

Ähnliche Bedenken sind gegen die Auffassung geltend zu machen, daß Art. 2 I GG das „Mutterrecht" bzw. „Quellrecht" darstelle, aus dem die Einzelfreiheitsrechte „abgeleitet" sein sollen[20]. Ein solches Verständnis, weckt ebenso wie Formulierungen, die die Einzelfreiheitsrechte als „Konkretisierungen", „Anwendungsfälle", „Ausformungen" oder „Ausflüsse" des Art. 2 I GG bezeichnen[21], mehr oder weniger deutlich eine historisch unzutreffende Vorstellung[22], daß das „Mutterrecht" sozusagen zuerst da gewesen sei und daß der Verfassungsgeber dann einzelne Bereiche aus ihm abgeleitet und noch besonders gestaltet habe.

Dieses „Ableiten" kann leicht so mißverstanden werden, daß das Freiheitsrecht des Art. 2 I GG in seinem Thema eben von vornherein um

---

[18] *Menger*, Verw.Arch. Bd. 48, 268.

[19] So zutr. (Maunz)-*Dürig*, Kommentar, Art. 2 I Randn. 7.

[20] So BGHZ 24, 78; *Krüger*, DVBl 50, 627; *Naumann*, JZ 51, 423; *Scholtissek*, NJW 52, 563; *Hamann*, Wirtschaftsverfassungsrecht, S. 82 (anders jetzt: Kommentar, Art. 2 Anm. A 3; unbedenklich (so *Wertenbruch*, Menschenwürde, S. 86) ist dagegen ein Verständnis des Art. 2 I GG i. S. eines „mütterlichen Auffangrechts" (so *Maunz-Dürig*, Kommentar, Art. 2 Randn. 7; ähnlich *Bachof*, GR III/1, S. 168).

[21] Eine Auffassung, die vor allem für das Verständnis des Verhältnisses der Generalschranke des Art. 2 I GG zu den Schranken der Einzelfreiheitsrechte zu Verwirrung Anlaß gegeben hat; vgl. dazu im einzelnen unter 3. Kap. II 1.

[22] Die Einzelfreiheitsrechte sind nicht zu denken als Ableitungen aus einem umfassenden abstrahierten allgemeinen Freiheitsrecht. Sie sichern vielmehr die Freiheit menschlicher Betätigung für „bestimmte Lebensbereiche, die nach den geschichtlichen Erfahrungen dem Zugriff der öffentlichen Gewalt besonders ausgesetzt sind" (BVerfGE 6, 32 [37]); sie sind also das Produkt einer historischen Entwicklung und geschichtlich bedingter und spezifischer Gefährdungen (so auch *Wintrich*, Zur Problematik, S. 13; *Scheuner*, VVDStRL 11, 61; *ders.*, VVDStRL 22, 44; *Dürig*, AöR 79, 60 N. 10; *ders.*, JZ 57, 171; Jörg Paul *Müller*, Die Grundrechte der Verfassung und der Persönlichkeitsschutz des Privatrechts, S. 76, 135; im einzelnen zur deutschen Entwicklung: Fritz *Hartung*, Entwicklung der Menschen- und Bürgerrechte, S. 22 ff. (32 f.) und Alfred *Voigt*, Geschichte der Grundrechte, S. 132 ff.), so daß eher umgekehrt Art. 2 I GG als das Ergebnis einer auf dem geschichtlichen Gegebensein der Einzelfreiheitsrechte basierenden und abstrahierenden Zusammenfassung zu einem allgemeinen Freiheitsrecht verstanden werden muß.

diejenigen Funktionen und Anwendungsbereiche vermindert zu verstehen sei, in denen die Einzelfreiheitsrechte die Freiheit gewährleisten.

Art. 2 I GG wäre dann wiederum von vornherein in seinem thematischen Anwendungsbereich auf diejenigen Lebensbereiche beschränkt, die von den Einzelfreiheitsrechten nicht erfaßt werden; die Beziehungen zwischen Art. 2 I GG und den Einzelfreiheitsrechten wären dann völlig zerschnitten — mit den oben bereits gegen die Auffassung von *Hamel*[23] ins Feld geführten Folgen[24].

2. Das Verhältnis der Grundrechtsgewährleistungen des Art. 2 I GG zu denen der Einzelfreiheitsrechte

Nach Vorstehendem wird davon ausgegangen, daß Art. 2 I GG thematisch *auch* die Themabereiche der Einzelfreiheitsrechte mitergreift.

Hieraus könnte gefolgert werden, daß Gesetze, die thematisch Einzelfreiheitsrechte betreffen, zugleich auch Art. 2 I GG berühren und daß deshalb ein „Messen" der Gesetze im Freiheitsbereich des Art. 2 I GG an den Freiheitsrechten „außerhalb seiner selbst" thematisch jedenfalls denkbar ist.

Um festzustellen, ob im Einzelfall das Grundrecht des Art. 2 I GG oder ein anderes Freiheitsrecht des Grundgesetzes als Maßstab für die Zulässigkeit eines freiheitsgestaltenden einfachen Gesetzes heranzuziehen ist, muß deshalb zunächst das Verhältnis der verschiedenen Themabereiche des Art. 2 I GG einerseits und der verschiedenen Einzelfreiheitsrechte andererseits untersucht werden, nämlich:

---

[23] Grundrechte, S. 30, 36.

[24] Die Frage ist von Bedeutung auch für die Systematik der Grundrechtsschranken. Nur dann, wenn davon ausgegangen wird, daß im Thema zwischen Art. 2 I GG und den Einzelfreiheitsrechten Garantiekonkurrenz besteht, daß Art. 2 I GG also bei jedem freiheitsrechtsrelevanten „Eingriff" mit betroffen ist (so BVerfGE 13, 290 (296), entsteht überhaupt die Frage der Subsidiarität (so *v. Mangoldt-Klein*, Kommentar, S. 130; *Wertenbruch*, Grundgesetz und Menschenwürde, S. 89) oder Spezialität der Schranken der Einzelfreiheitsrechte gegenüber denen des Art. 2 I GG. Denn entgegen der Auffassung von *Laufke* (Festschrift für Heinrich *Lehmann*, Bd. I S. 159 N. 64) setzt auch der Begriff des Spezialgesetzes stets voraus, daß die von der Spezialnorm erfaßten Tatbestände auch unter die Generalnorm erfaßten Tatbestände auch unter die Generalnorm fallen (so m. E. zutr. *Larenz*, Methodenlehre, S. 174; eine Norm dagegen, die bestimmte, in einer tatbestandsmäßig umfassenderen Norm geregelte Tatbestände gar nicht umfaßt, kann nicht eine Spezialregelung für eben diese Sachbereiche darstellen (so *Bachof*, Verfassungsrecht, Verwaltungsrecht, Verfahrensrecht, S. 14; *Menger*, VerwArch. Bd. 48, 268). Das Bundesverwaltungsgericht bezeichnet deshalb von seinem Ausgangspunkte her, daß Art. 2 I GG die Sachbereiche der Einzelfreiheitsrechte nicht mitumfasse, die Einzelfreiheitsrechte nicht zu Recht als „Spezialgesetze" zu Art. 2 I GG (BVerwGE 1, 48 [51].

1. desjenigen Bereichs, in dem Art. 2 I GG durch die Geltungsanordnungen eines Einzelfreiheitsrechts „verdeckt“ und durch dort einschlägige Gesetze nur passiv mitbetroffen ist und

2. desjenigen Bereichs, in welchem Art. 2 I GG bei thematischem Versagen der Einzelfreiheitsrechte selbständige Bedeutung als sog. „Auffangrecht“ für „Innominatfreiheiten“ besitzt.

a) Das lediglich passive Mitbetroffensein des Art. 2 I GG in seinem durch die Einzelfreiheitsrechte verdeckten Anwendungsbereich und die Vorrangigkeit der Geltungsanordnungen der Einzelfreiheitsrechte in den ihnen zugewiesenen Lebensbereichen

Der umfassende Anwendungsbereich des Art. 2 I GG ist durch die Anwendungsbereiche der Einzelfreiheitsrechte lediglich überdeckt, wobei die besondere Gestaltung der Freiheitsgewährung und Freiheitsverweigerung in diesen Bereichen, die auch in der spezifischen Schrankengestaltung ihren Ausdruck findet[25], nach dem erkennbaren Willen des Verfassungsgebers[26] die allgemeine Regelung des Art. 2 I GG verdrängt[27].

So hat das auch das Bundesverfassungsgericht immer verstanden[28]. Es gilt dabei zunächst, die Einschlägigkeit eines Einzelfreiheitsrechts stets nach dessen Thema aufzusuchen, und hier dürften Abstriche nicht vorgenommen werden. Als Wohnung i. S. des Art. 13 GG hätte jede „Bleibe“ des Menschen zu gelten — auch das Hausboot oder der Wohnwagen.

Beruf i. S. des Art. 12 GG wäre auch das „älteste Gewerbe“.

Eine solche Abgrenzung vom Thema her würde der befürchteten Flucht in die Generalklausel des Art. 2 I GG weitgehend entgegenwirken.

---

[25] *Hamel*, Grundrechte, S. 30.

[26] *Wertenbruch*, Grundgesetz und Menschenwürde, S. 88.

[27] *Dürig*, JR 52, 261; *ders.*, AöR 79, 60; *ders.* JZ 57, 170; (Maunz)-*Dürig*, Kommentar, Art. 2 I Randn. 7; *Hamann*, Kommentar, Art. 2 GG Anm. A 3; *Nipperdey*, GR IV/2 S. 761; *Bachof*, Verfassungsrecht, Verwaltungsrecht, Verfahrensrecht, S. 14, 123; *ders.*, GR III/1 S. 167; *Maunz* StR S. 104; *Laufke*, Festschrift für Heinrich Lehmann, Bd. I S. 159 f.; *Ipsen*, VVDStRL 10, 85 f.; *Roemer*, Festschrift Dt. JT 1960 Bd. I S. 570.

[28] BVerfGE 1, 264 (275); 4, 7 (15); 4, 52 (57); 6, 32 (37); 7, 377 (397); 8, 274 (328); 9, 3 (11); 9, 63 (73); 9, 73 (77); 9, 338 (343); 10, 185 (199); 10, 354 (363); 11, 234 (238); 13, 181 (185); 13, 290 (296); 17, 381 (389).

Freilich ist auch das einschlägige „Thema“, d. h. die Zuordnung eines Gesetzes zu einem Grundrecht nicht immer leicht zu bestimmen.

Es mag z. B. zweifelhaft sein, ob die Freiheit des Fernbleibens von einer religiösen Vereinigung, zum Unterlassen ihrer Förderung[29], zu Art. 4 GG oder Art. 2 I GG gehört[30]. Gewiß bedeutet die Anwendung des Halbteilungsgrundsatzes tatsächlich und auch rechtlich, wie die Entscheidung dies im Ergebnis beweist, eine Heranziehung des der Kirche nicht angehörenden Ehegatten. Wenn aber hierdurch die thematische Einschlägigkeit von Art. 4 GG indiziert wäre, dann bliebe für Art. 2 I GG möglicherweise kein Raum, und seine Anwendbarkeit wäre auch nicht durch den Satz der Urteilsbegründung angezeigt, es fehle

„für die kirchliche Regelung, daß bei glaubensverschiedenen Ehen die Kirchensteuer des einer steuerberechtigten Religionsgemeinschaft angehörenden Ehegatten nach der Hälfte der zusammengerechneten Einkommensteuer beider Ehegatten erhoben wird, an einer verfassungsmäßigen staatlichen Ermächtigung i. S. des Art. 140 GG i. Verbindung mit Art. 137 Abs. 6 WRV“.

Denn auch ein solcher Mangel der Ermächtigung müßte, wie das Bundesverfassungsgericht das an anderer Stelle für das Grundrecht des Art. 12 GG unmißverständlich zum Ausdruck gebracht hat[31], über Art. 4 GG und nicht über Art. 2 I GG gerügt werden.

Gleiches gilt für die Entscheidung des Bundesverfassungsgerichts über die Heranziehung juristischer Personen zur badischen Kirchenbausteuer[32].

Der Satz: „Da die Heranziehung juristischer Personen bereits gegen Art. 2 I GG verstößt, kommt es auf das Vorbringen ... zu Art. 4 GG nicht an[33]“, stellt den bisher vom Gericht dekretierten Grundsatz der Spezialität der Einzelfreiheitsrechte geradezu auf den Kopf. Daß eine Verletzung desArt. 4 Abs. 1 GG „unter dem Gesichtspunkt der individuellen Glaubensfreiheit der Steuerschuldner“, die des Art. 2 I GG dagegen wegen „Unvereinbarkeit“ der Kirchenbausteuerpflicht juristischer

---

[29] *v. Mangoldt-Klein,* Kommentar, Art. 4 S. 223.

[30] Das Bundesverfassungsgericht selbst in der Entscheidung zur Kirchenbausteuer, NJW 66, 147: „Aus dieser Pflicht zur religiösen und konfessionellen Neutralität folgt, daß der Staat einer Religionsgesellschaft keine Hoheitsbefugnisse gegenüber Personen verleihen darf, die ihr nicht angehören. Eine solche Verleihung liegt aber vor, wenn der Staat den Religionsgesellschaften durch Gesetz das Recht verleiht, ihnen nicht angehörende Personen zur Kirchensteuer heranzuziehen.“

[31] BVerfGE 9, 83 (87 f.); 13, 181 (190); 13, 230 (233); 13, 237 (239); 14, 105 (116) — fehlende Ermächtigung, Zuständigkeit oder formelle Mängel sind über das thematisch einschlägige Einzelfreiheitsrecht zu rügen und nicht stets über Art. 2 I GG; vgl. dazu unter 3. Kap. I 2 a.

[32] BVerfGE v. 14. 12. 1965, NJW 66, 147.

[33] a.a.O., S. 149.

Personen mit der durch das Grundgesetz festgelegten Ordnung des Verhältnisse von Staat und Kirche in Betracht zu ziehen sei, vermag nicht zu überzeugen, denn beide Freiheitsrechte betreffen genau dasselbe Verhältnis — das des Bürgers zum Staat, der sich religiös neutral zu verhalten hat. Das Gericht sagt selbst, es folge aus der Pflicht zur religiösen und konfessionellen Neutralität, daß der Staat einer Religionsgesellschaft keine Hoheitsbefugnisse gegenüber Personen verleihen dürfe, die ihr nicht angehörten. Es argumentiert also ganz dezidiert aus Art. 4 GG.

Freilich ist hier auch objektives Verfassungsrecht verletzt, nämlich das im Grundgesetz festgelegte Verhältnis von Staat und Kirche. Damit wird aber nicht Art. 2 I GG zum allein einschlägigen Grundrecht. Denn wie es zum Grundrecht des Art. 2 I GG gehört, nur durch Maßnahmen des Staates belastet zu werden, die auch mit objektivem Verfassungsrecht außerhalb von Art. 2 I GG vereinbar sind, gehört es zum Inhalt eines jeden Einzelfreiheitsrechts, auch des Art. 4 GG, daß eine Regelung auch in sonstiger Weise verfassungsmäßig ist; denn eine Regelung, die ein Freiheitsrecht zulässig „einschränkt“, muß auch, von der Vereinbarkeit mit dem betreffenden Grundrecht selbst abgesehen, immer mit der Verfassung auch im übrigen vereinbar sein[34]. Die Verletzung des Verfassungsgrundsatzes der Trennung von Staat und Kirche bei der Festsetzung einer Kirchenabgabe müßte also bei dem Betroffenen nicht unbedingt eine Verletzung seines Grundrechts aus Art. 2 I GG zur Folge haben — jedenfalls dann, wenn auch der juristischen Person Grundrechtsfähigkeit nach Art. 4 GG zugebilligt wird.

Obwohl für die Gestaltung der Freiheit in jenen besonderen Lebensbereichen die Einzelfreiheitsrechte eingreifen und den Maßstab der Freiheitsgewährleistung bilden, bleibt Art. 2 I GG hier nicht unberührt: Da er seinem Thema nach die Handlungsfreiheit umfassend gewährleistet und insoweit thematisch nicht von vornherein auf die von den Einzelfreiheitsrechten nicht geregelten Lebensbereiche beschränkt werden kann[35], ist er bei *jeder* freiheitsrechts-relevanten staatlichen Maßnahme „stets mit betroffen“[36]. Allein aus der Spezialität der Themata der Einzelfreiheitsrechte gegenüber dem weiteren und umfassenden Themabereich des Art. 2 I GG ergibt sich aber, daß letzterer in seiner Geltung und als Maßstab grundrechtsgestaltender Gesetzgebung hinter jenen zurückzutreten hat. Es besteht Veranlassung, in diesem Zusammenhange auch noch folgendes zu bemerken: Die besondere Gestaltung der Freiheit in bestimmten Lebensbereichen durch die Einzelfreiheitsrechte muß, wenn sie ihren Sinn erfüllen soll, in positiver *und* in negativer

[34] BVerfGE 9, 83 (87 f.) — zu Art. 12 GG.
[35] Vgl. dazu oben 3. Kap. I 1.
[36] BVerfGE 13, 290 (296).

Hinsicht gelten. Der Rückgriff auf das verdeckte Freiheitsrecht des Art. 2 I GG ist ausgeschlossen.

Dies gilt nicht nur dann, wenn eine bestimmte konkrete Betätigung den Freiheitsschutz eines Einzelfreiheitsrechts genießen kann, sondern auch dann, wenn das thematisch einschlägige Freiheitsrecht auf Grund seiner spezifischen Schrankengestaltung *keinen* Schutz gewährt[37].

Art. 2 I GG ist demnach zwar Auffangrecht bei thematischem Versagen der Einzelfreiheitsrechte, nicht aber totales Auffangrecht auch dann, wenn das thematisch einschlägige Einzelfreiheitsrecht keinen Grundrechtsschutz gewährt[38].

Das Bundesverfassungsgericht ist hier nicht konsequent[39]: Während es einerseits ständig die Auffassung vertritt[40], daß eine Norm, die dem von ihr geregelten Sachverhalt nach einem Einzelfreiheitsrecht zuzuordnen ist, lediglich an dessen Maßstab zu prüfen und daß daneben die Berufung auf Art. 2 I GG nicht möglich ist[41], greift es bei der Auferlegung von Geldleistungen auf Art. 2 I GG zurück[42].

Da auch Art. 14 GG im Verhältnis zu Art. 2 I GG ein Spezialgrundrecht darstellt, hätte auch hier Art. 14 GG allein als Prüfungsmaßstab herangezogen werden dürfen.

Verschiedentlich wird die Auffassung vertreten, daß Art. 2 I GG als Auffangnorm neben den Fällen thematischen Versagens auch in Fällen personellen Nichteingreifens von Einzelfreiheitsrechten[43] Anwendung finden soll[44]. Das ist nach dem gesagten nicht möglich. Auch der Ausweg,

---

[37] So für das Verhältnis des Art. 9 GG zu Art. 21 GG BVerfGE 12, 296 (304); für Art. 2 I GG: B. *Wolff*, Jb. öff. R. n. F. Bd. 9, S. 69 (74); *Ehmke*, VVDStRL 20, 82.

[38] Vgl. BVerfGE 12, 296 (304); deshalb dürfte ein Verständnis des Verhältnisses von Art. 2 I GG zu den Einzelfreiheitsrechten als das der Subsidiarität (*v. Mangoldt-Klein*, Kommentar, S. 130; *Wertenbruch*, Menschenwürde, S. 89) nicht in Betracht kommen, weil bei Subsidiarität der Rückgriff auf die subsidiäre Norm bei *jedem* Versagen der privilegierten Norm zulässig ist (vgl. *Maurach*, Deutsches Strafrecht, Allgemeiner Teil, S. 591).

[39] Vgl. bei B. *Wolff*, Jb. öff. R. n. F. Bd. 9, S. 74; *Ehmke*, VVDStRL 20, 82.

[40] BVerfGE 6, 32 (37); 7, 377 (397); 9, 3 (11); 9, 73 (77); 9, 338 (343); 10, 185 (199); 11, 234 (238); 13, 97 (104); 13, 181 (185/190); 13, 290 (296); 15, 235 (239); 17, 381 (389).

[41] Ebenso BGHZ 22, 167; BVerwGE 7, 172 (174); 8, 78 (79 f.).

[42] BVerfGE 4, 7 (15/17); 8, 274 (327 ff.); 10, 354 (371).

[43] Vgl. die Deutschenrechte Art. 8, 9, 11, 12 GG.

[44] *Geiger*, Staatslexikon, „Berufsfreiheit"; *Uber*, Freiheit des Berufs, S. 88; auch *Bachof* (GR III/1, S. 176 ff.) meint, daß die Berufsfreiheit Ausländern nicht gewährt sein solle, erscheine sonderbar in Hinblick darauf, daß sie als Konkretisierung der allgemeinen Handlungsfreiheit notwendig an deren Eigenschaft als Menschenrecht teilhabe. Denn ein vorstaatliches, aber gleich-

den Menschenwürdegehalt des Art. 1 I GG in alle Einzelfreiheitsrechte — hier die Deutschenrechte — hineinzuinterpretieren[44a], und den Ausländern ein Minimum etwa an Berufsfreiheit direkt über Art. 12 I GG zu gewährleisten[45], ist nicht gangbar angesichts des klaren Wortlauts des Art. 12 I GG, der Berufsfreiheit nur Deutschen gewährt. Versammlungsfreiheit (Art. 8 GG), Vereinsfreiheit (Art. 9 GG), Freizügigkeit (Art. 11 GG) und Berufsfreiheit (Art. 12 GG) gibt es im Geltungsbereich des Grundgesetzes nur nach Maßgabe dieser Grundrechtsbestimmungen, die ausdrücklich nur Deutschen Rechte gewähren; jede Abweichung von diesem eindeutig zum Ausdruck gebrachten Willen des Grundgesetzes würde diese Anordnung unterlaufen[46].

Eine Heranziehung der Deutschenrechte für Ausländer ist deshalb ebenso ausgeschlossen wie der Rückgriff auf Art. 2 I GG.

Wo die Menschenwürde gefährdet ist, könnte deshalb nur Art. 1 I GG helfen[47].

---

wohl einer bestimmten Gruppe von Menschen vorenthaltenes (Menschen)-Recht sei nicht gut denkbar (so auch *Wertenbruch*, Menschwürde, S. 94 f.). Dieser Widerspruch löse sich dadurch, daß nur ein bestimmter Kernbereich der Berufsfreiheit an der Menschenrechtsqualität teilhabe, jenseits dessen zwar eine Beschränkung auf Angehörige des eigenen Staats möglich sei, der jedoch selbst allen Menschen zustehen müsse. Für Art. 12 I GG ergebe sich daraus, daß die Beschränkung auf Deutsche dort haltmachen müsse, wo die Verweigerung beruflicher Betätigung der Menschenwürde zuwiderliefe, indem der Ausländer auf die öffentliche Fürsorge verwiesen würde. Nachdem so der Menschenwürdegehalt des Art. 1 I GG in den Art. 12 I GG hineininterpretiert war, hätte Bachof folgerichtig auf einen Rückgriff auf Art. 2 I GG verzichten können, weil dann Art. 12 I GG ja jenes zur Erhaltung der Menschenwürde erforderliche Minimum an Freiheit der beruflichen Betätigung enthielte. Art. 12 I GG versagt dann personell gar nicht.

[44a] Vgl. zu diesem Ausgangspunkt bei *Bachof*, GR III/1, S. 176 ff.

[45] So *Dürig*, GR II, S. 521 für Art. 11 GG; für Art. 12 GG: (Maunz)-*Dürig*, Kommentar, Art. 2 I, Randn. 66; *Nipperdey*, GR IV/2 S. 777.

[46] Der Versuch, Menschenrechtsqualität auch in die Deutschenrechte hineinzulesen, wäre auch methodisch nicht unbedenklich. Man wird aus Art. 1 II GG nicht mehr herauslesen können, als daß die Grundrechte *insoweit* Menschenrechtsqualität besitzen, als ihnen das ihrer Ausprägung nach, die sie im Verfassungstext gefunden haben, *positiv* entnommen werden kann. Es sind also keinesfalls alle Grundrechte mit Menschenrechtsqualität ausgestattet. Soweit sie es sind, hat allerdings ihre Aufnahme in die Verfassung nur *deklaratorische* Bedeutung (*v. Mangoldt-Klein*, Kommentar, S. 158). Welcher Inhalt und welche Bedeutung den Grundrechten zukommt, d. h. in welchem Maße die normative Verfassung Werte verwirklicht (*Leisner*, Grundrechte und Privatrecht, S. 372 f.), muß deshalb in erster Linie durch rechtliche Interpretation bestimmt werden (*Wintrich*, Zur Problematik, S. 11; *Jesch*, Gesetz und Verwaltung, S. 61). Gerade angesichts des kaum widerlegbaren Satzes, daß unveräußerliche „Menschen"-Rechte sich nicht auf Angehörige eines bestimmten Staates beschränken lassen, bleibt deshalb nur der Schluß, daß den Deutsch-Rechten des Grundgesetzes Menschenrechtsqualität nicht zukommt und daß deshalb Ausländer auch nicht einen Kernbereich dieser Rechte in Anspruch nehmen können.

[47] Zur Frage der Grundrechtsqualität des Art. 1 I GG vgl. die Nachweise bei (Maunz)-*Dürig*, Kommentar, Art. 1 I, Randn. 4 N. 2.

Ein Anlaß, Art. 2 I GG als „totales“ Auffangrecht bei jeglichem Versagen der Einzelfreiheitsrechte heranzuziehen, bestände dann, wenn das Grundrecht den generellen *Rügebehelf* für jede formell rechtswidrige Grundrechtsbeeinträchtigung abgeben sollte; denn dann müßte auch bei thematischer Einschlägigkeit eines Einzelfreiheitsrechts stets dann auf Art. 2 I GG rekurriert werden, wenn nicht nur die materielle Unvereinbarkeit eines angegriffenen Gesetzes mit der Verfassung behauptet wird, sondern auch ein vernichtender Formverstoß (z. B. Zuständigkeitsmangel).

Das Bundesverfassungsgericht vertrat zunächst die Auffassung, daß die Rüge, ein Gesetz sei in formeller Hinsicht nicht mit dem Grundgesetz vereinbar, stets über Art. 2 I GG erhoben werden könne, ebenso wie die Behauptung, das Gesetz sei materiell verfassungswidrig[48]; Form- und Zuständigkeitsmängel seien immer, und zwar auch dann über Art. 2 I GG zu rügen, wenn eine Verletzung des Art. 2 I GG in dessen thematischem Anwendungsbereich als selbständiges Auffangrecht gar nicht in Frage stand. In BVerfGE 11, 105[49] wird die Frage der Zuständigkeit des Bundesgesetzgebers zum Erlaß des Kindergeldgesetzes über Art. 2 I GG geprüft[50], für die materielle Prüfung werden dann jedoch die Art. 6, 9, 12 und 14 GG herangezogen[51].

In BVerfGE 11, 192[52] prüft es die Rüge fehlender Gesetzgebungskompetenz des Hessischen Landesgesetzgebers über Art. 2 I GG[53], zieht dann aber, nachdem es diese Kompetenz bejaht hat, für die materielle Prüfung Art. 14 GG heran[54].

In BVerfGE 11, 234[55] wird die vom Beschwerdeführer erhobene Rüge der mangelnden Gesetzgebungskompetenz des Bundes über Art. 2 I GG geprüft[56], für die materielle Prüfung der Verfassungsmäßigkeit des Gesetzes wird dagegen Art. 5 GG herangezogen[57].

---

[48] BVerfGE 6, 32 (41); 6, 389 (433); 7, 111 (119); 9, 3 (11 f.); 9, 83 (88); 10, 89 (99); 11, 105 (110); 11, 192 (198); 11, 234 (236).

[49] Eine verdeckte Rechtssatz-Verfassungsbeschwerde gegen eine sozialgerichtliche Entscheidung.

[50] a.a.O., S. 110.

[51] a.a.O., S. 126.

[52] Eine unmittelbare Rechtssatz-Verfassungsbeschwerde gegen das Hessische Ortsgerichtsgesetz.

[53] a.a.O., S. 198.

[54] a.a.O., S. 202.

[55] Eine verdeckte Rechtssatz-Verfassungsbeschwerde gegen eine strafrichterliche Verurteilung auf der Grundlage des Gesetzes über die Verbreitung jugendgefährdender Schriften vom 9. Juni 1953 (BGBl. I S. 377).

[56] a.a.O., S. 236.

[57] a.a.O., S. 238.

Abweichend hiervon macht das Gericht bereits in einer früheren Entscheidung vom 8. 1. 1959[58] die folgenden Ausführungen:

„Ist das Herstellungsverbot mit rechtsstaatlichen Prinzipien unvereinbar, so verstößt es schon aus diesem Grunde gegen objektives Verfassungsrecht. Da es in die Freiheit der beruflichen Betätigung eingreift, entsteht darüber hinaus die Frage seiner Vereinbarkeit mit Art. 12 Abs. 1 GG. Ob es mt der Berufsfreiheit im übrigen vereinbar ist, kann dahingestellt bleiben; es verletzt sie jedenfalls deshalb, weil die Regelung, die Art. 12 I GG erlaubt, *immer eine verfassungsmäßige sein muß.*"

Der Verstoß gegen das Rechtsstaatsprinzip durch mangelnde Normierung der Eingriffsvoraussetzungen wird hier erstmals bei dem thematisch einschlägigen Freiheitsrecht geprüft, Art. 2 I GG wird nicht herangezogen.

Diese Linie wird dann in der Entscheidung vom 30. 10. 1961[59] verdeutlicht; das Gericht führt hier aus, die Einwendungen gegen die Kompetenz der Länder zur Erhebung einer Schankerlaubnissteuer seien am Grundrecht der freien Berufswahl und nicht an Art. 2 I GG zu prüfen, weil die Schankerlaubnissteuer selbst an dem besonderen Freiheitsrecht des Art. 12 Abs. 1 GG gemessen worden sei und weil jede Regelung die diese Bestimmung erlaube, *immer auch in sonstiger Hinsicht verfassungsmäßig sein müsse.* Diese Rechtsprechung findet ihre Fortsetzung in den Ladenschlußurteilen[60] und in dem Beschluß des Gerichts vom 22. Mai 1962[61]; sie zeigt deutlich das Bestreben, der Aufblähung des Art. 2 I GG zu einem umfassenden prozessualen Rügebehelf entgegenzuwirken und ihn als Rügerecht für formelle Verfassungsverletzungen nur noch dort heranzuziehen, wo er auch in der Sache selbst (materiell) zur Prüfung der Verfassungsmäßigkeit der angegriffenen Norm heranzuziehen gewesen wäre.

Ist aber bei thematischem Betroffensein eines Einzelfreiheitsrechts dieses auch für formelle Verfassungsverletzungen des in Betracht stehenden Gesetzes heranzuziehen, dann erübrigt sich ein Rückgriff auf Art. 2 I GG.

Zusammenfassend ist festzustellen:

1. Im thematischen Anwendungsbereich von Einzelfreiheitsrechten wird Art. 2 I GG durch diese in seiner Geltung verdrängt, d. h. verdeckt.

---

[58] BVerfGE 9, 83 (87 f.).
[59] BVerfGE 13, 181 (190).
[60] BVerfGE 13, 230 (233); 13, 237 (239).
[61] BVerfGE 14, 105 (116).

2. Ihm kommt hier keinerlei Bedeutung als selbständiges Grundrecht zu.

3. Wenn von einer selbständigen Bedeutung des Art. 2 I GG die Rede ist, kann *dieser* Bereich *nicht* angesprochen sein.

4. Als Maßstab gesetzgeberischer Eingriffe kommt Art. 2 I GG in *diesen* Bereichen nicht in Betracht, er kann daher *hier* auch nicht *leerlaufen.*

b) Die effektive Anwendbarkeit und die selbständige Bedeutung des Art. 2 I GG als Auffangrecht für "Innominatfreiheiten" bei thematischem Versagen der Einzelfreiheitsrechte

Die umfassende Geltung des Art. 2 I GG für alle Lebensbereiche und die Tatsache, daß andererseits nicht alle denkbaren Entfaltungsmöglichkeiten der Persönlichkeit von den Einzelfreiheitsrechten thematisch erfaßt sind, läßt das Grundrecht des Art. 2 I GG dort als allein anwendbar erscheinen, wo „die Freiheit" nicht durch die dem Art. 2 I GG folgenden Einzelfreiheitsrechte in besonderer Weise gewährleistet ist[62].

Art. 2 I GG erscheint in diesen Bereichen als selbständiges Grundrecht für die in den Einzelfreiheiten nicht mitgeschützten und dort nicht positiv genannten Freiheiten, die deshalb auch als „unbenannte Freiheiten"[63] oder „Innominatfreiheiten"[64] bezeichnet werden. Ihm kommt insofern effektive Bedeutung als „Komplementärgarantie"[65] bzw. „Auffangrecht"[66] bei *thematischem* Versagen der Einzelfreiheitsrechte zu.

---

[62] BVerfGE 6, 32 (36/42): „Soweit nicht besondere Lebensbereiche grundrechtlich geschützt sind, kann sich der Einzelne bei Eingriffen der öffentlichen Gewalt in seine Freiheit auf Art. 2 I GG berufen"; ebenso: BVerfGE 7, 377 (368); 8, 274 (328); 9, 3 (11); 9, 63 (73); 9, 73 (77); 9, 338 (343); 10, 185 (199); 10, 354 (362 f.); 11, 234 (238); 12, 341 (347); 13, 181 (185/190); 13, 290 (196); 17, 381 (389).

[63] *Schätzler*, NJW 57, 819.

[64] *Wehrhahn*, AöR 82, 253.

[65] *Wehrhahn*, AöR 82, 253 f.; seine Bedenken, dieses Verständnis des Art. 2 I GG als einer Komplementärgarantie müsse zu einer Flucht in die Generalklausel des Art. 2 I GG führen, ist kaum begründet. Eine konsequente thematische Abgrenzung des Art. 2 I GG von den Einzelfreiheitsrechten bietet wenig Möglichkeiten zum Ausweichen in den Auffangbereich des Art. 2 I GG (ähnlich *Nipperdey*, GR IV/2, S. 763; (Maunz)-*Dürig*, Kommentar, Art. 2 I, Randnote 5).

[66] Freilich gilt dies nur für diejenigen Gesetze, die eine Regelung nur für wird Art. 2 I GG verstanden von (Maunz)-*Dürig*, Kommentar, Art. 2 I, Randnote 7; *Dürig*, JZ 57, 170; *ders.*, AöR 81, 121; *Bachof*, Verfassungsrecht, Verwaltungsrecht, Verfahrensrecht, S. 14; *ders.*, GR III/1, S. 167; *Nipperdey*, GR IV/2, S. 761; *Hamann*, Kommentar, Art. 2 Anm. A 3 b.

Eine so vom geregelten Sachbereich her verstandene thematische Abgrenzung des Art. 2 I GG von den Einzelfreiheitsrechten schließt es denknotwendig aus, daß eine Norm, die die Lebensbereiche Beruf (Art. 12 GG), Freizügigkeit (Art. 11 GG), Freiheit der Wohnung (Art. 13 GG) etc., tatbestandsmäßig betrifft, zugleich auch den Anwendungsbereich von Art. 2 I GG *als selbständiges Auffangrecht* sachlich berührt[67]. So kann eine Norm, die eine Berufsausübungsregelung enthält, mit dieser Regelung nicht zugleich in jenem Bereiche wirksam werden, der gerade außerhalb der Berufssphäre liegt; andererseits kann eine andere Norm, die dem Auffangbereich des Art. 2 I GG zugeordnet werden muß, weil sie nicht eines der Sachgebiete der Einzelfreiheitsrechte betrifft, nicht zugleich gestaltend und begrenzend im Bereiche eines Einzelfreiheitsrechtes wirken[68].

Die Auffassung des Bundesverfassungsgerichts, daß „verfassungsmäßige Ordnung" i. S. des Art. 2 I GG bedeute: in Übereinstimmung mit der Verfassung „außerhalb von Art. 2 Abs. 1 GG selbst"[69] hat auch hier Verwirrung geschaffen: So führt das Bundesverwaltungsgericht in einer Entscheidung vom 20. Juni 1958[70] aus, das Recht des Studenten, Farben zu tragen, falle unter die durch Art. 2 I GG geschützte allgemeine Handlungsfreiheit. Diese finde jedoch, wie das Bundesverfassungsgericht in BVerfGE 6, 32 (38) ausgeführt habe, seine Grenze in der Gesamtheit der Normen, die formell und materiell der Verfassung gemäß seien[71]. Das Verbot könne daher die allgemeine Handlungsfreiheit nur verletzen, wenn es gegen eine andere Verfassungsnorm verstoße als Art. 2 I GG.

---

[67] Unklar im Gegensatz zu seiner oben N. 62 zitierten sonstigen Rechtsprechung BVerfGE 17, 232 (251): „Es kann dahinstehen, ob hier ausnahmsweise neben Art. 12 I GG auch der Schutzbereich des Art. 2 I GG gleichzeitig berührt sein könnte."

[68] Freilich gilt dies nur für diejenige Gesetze, die eine Regelung nur für *eine* bestimmte Personengruppe enthalten, was höchst selten sein dürfte. Gesetze, die für eine Personengruppe etwa eine Berufsregelung enthalten, können dagegen für andere Personen durchaus tatbestandsmäßig das Grundrecht des Art. 2 I GG betreffen; es sei hier an die Ladenschlußgesetzgebung erinnert, die den Ladeninhaber in seinem Berufsfreiheitsrecht, die Kunden aber in ihrem Recht aus Art. 2 I GG betrifft. Bei der zuletzt genannten Fallgruppe vermag eine thematische Abgrenzung der Freiheitsrechte allein nicht auszuschließen, daß etwa die Zulässigkeit einer Verkürzung der Ladenöffnungszeiten gegenüber den Kunden allein damit begründet wird, daß der Ladeninhaber gem. Art. 12 I 2 GG die Regelung als verfassungsmäßig hinzunehmen habe, daß diese also verfassungsmäßig sei und deshalb als Bestandteil der „verfassungsmäßigen Ordnung" auch das Grundrecht des Art. 2 I GG (für die Kunden) zulässig begrenze.

[69] BVerfGE 17, 306 (313); 9, 137 (146); 6, 32 (41).

[70] BVerfGE 7, 125 (Verbot des Farbentragens für studentische Vereinigungen).

[71] a.a.O., S. 134.

Als solche „andere Verfassungsnorm“ zieht das Gericht dann im folgenden[72] die Art. 5, 9, 12 I GG heran und stellt schließlich fest, daß das Verbot einen Verstoß gegen das Grundrecht des Art. 12 I GG darstelle[73].

Der Themabereich, innerhalb dessen Art. 2 I GG nicht mit einem Einzelfreiheitsrecht konkurriert, in welchem Art. 2 I GG demnach nicht überdeckt ist, sondern als Maßstab gesetzgeberischer Freiheitsbeschränkungen selbst wirksam werden kann, ist also in keinem Falle mit dem eines Einzelfreiheitsrechts identisch.

Das bedeutet:

1. Der „Eingriff“ durch den Gesetzgeber in die Freiheit kann, soweit der Art. 2 I GG thematisch als selbständiges Auffangrecht Anwendung findet, nicht an Freiheitsrechten außerhalb von Art. 2 I GG selbst gemessen werden.

2. Der Versuch, die materielle Zulässigkeit grundrechtsbegrenzender Gesetze in diesem Bereich an den Einzelfreiheitsrechten außerhalb von Art. 2 I GG zu messen und *dadurch* einem „Leerlaufen“ des Art. 2 I GG vorzubeugen, scheitert an der thematischen Abgrenzung des Art. 2 I GG von den Einzelfreiheitsrechten.

II. Die Schrankensystematik der Freiheitsrechte — ein weiteres Hindernis, dem Art. 2 Abs. 1 GG materielle Inhalte über die Einzelfreiheitsrechte zuzuführen

1. Die Eigenständigkeit des Begriffs der „verfassungsmäßigen Ordnung“ in Art. 2 Abs. 1 GG in dessen effektivem Anwendungsbereich als Auffangrecht für Innominatfreiheiten

Der Versuch, die dem Art. 2 I GG folgenden Einzelfreiheitsrechte als Maßstäbe materieller Prüfung für die Zulässigkeit gesetzgeberischer Betätigung im Freiheitsrechtsbereich des Art. 2 I GG heranzuziehen, erregt Bedenken auch in Hinblick auf die Schrankensystematik der Freiheitsrechte. In denjenigen Freiheitsbereichen, in denen Art. 2 I GG als sachlich einschlägiges Komplementärrecht[74] die sogenannten „unbenann-

---

[72] a.a.O., S. 135 ff.

[73] Hier zeichnet sich ein völliger Verzicht auf sachliche Abgrenzungsversuche ab, der sich inzwischen zur ständigen Rechtsprechung des Bundesverwaltungsgerichts entwickelt hat. Vgl. für das Verhältnis des Art. 2 I GG zu Art. 12, 14: BVerfGE 18, 254 (268) f.); 17, 306 (308/313 f.); 16, 301 (304/307); 12, 140 (160 ff.); 11, 133 (134 f.); für das Verhältnis zu Art. 11 GG: BVerwGE 11, 133 (134 f.) für das Verhältnis zu Art. 6 GG: BVerwGE 14, 21 (27 ff.); 10, 340 (343 f.).

[74] *Wehrhahn*, AöR 82, 253 f./257 f.

ten Freiheiten“[75] oder Innominatfreiheiten[76] allein zu schützen berufen ist, stellt er ein völlig eigenständiges Grundrecht dar, das in diesem Anwendungsbereich, den allein man als seinen „effektiven“ Anwendungsbereich kennzeichnen könnte, *lediglich* durch die ihm beigegebenen Schranken des „Soweit“-Satzes begrenzt ist. Die Eigenständigkeit und Selbstbestimmtheit des Grundrechts des Art. 2 I GG in diesem Bereich hat zur Folge, daß auch die Schranken des „Soweit“-Satzes in Art. 2 I GG eine materielle Eigenständigkeit und selbständige Begrenzungsfunktion besitzen; sie sind aus sich selbst heraus und im Zusammenhange mit Art. 2 I GG zu sehen und gemäß ihrer Aufgabe als Schranken gerade des Art. 2 I GG zu interpretieren. Es ist deshalb unzulässig, Gesetze am Maßstabe anderer Freiheitsrechte (gemeint sind die Einzelfreiheitsrechte) zu messen, und es vom Ergebnis *dieser* Prüfung abhängig zu machen, ob das betreffende Gesetz etwa der „verfassungsmäßigen Ordnung“ i. S. des Art. 2 I GG zugehört. Denn Inhalt und Umfang eines Grundrechts[77] werden durch *seine* Grenzen bestimmt, und die Grenzen der Freiheit liegen dort, wo die individuelle Gestaltung des Freiheitsinhalts über den möglichen Umfang der Freiheit im sozialen Rechtsstaat hinausgeht. Grenzziehung ist zugleich Inhaltsbestimmung und umgekehrt[78]. Wo also die Grundrechtsschranke der „verfassungsmäßigen Ordnung“ fremdbestimmt wird, wird auch das Grundrecht des Art. 2 I GG selbst inhaltlich fremdbestimmt und zum Leerlaufen verurteilt.

Dei Verschiedenheit von Inhalt und Umfang der durch die verschiedenen Freiheitsrechte gewährleisteten Freiheit ergibt sich aus der Unterschiedlichkeit ihrer Themata und infolgedessen ihrer Schranken. Die Spezialität der Einzelfreiheitsrechte gegenüber dem Grundrecht des Art. 2 I GG, ihre differenzierte Freiheitsgewährung und Freiheitsverweigerung, wird von ihrer Thema- und ihrer Schrankenseite her verständlich. Denn das Grundgesetz hat es unternommen, die Freiheit menschlicher Betätigung für bestimmte Lebensbereiche, die nach den geschichtlichen Erfahrungen dem Zugriff der öffentlichen Gewalt besonders ausgesetzt sind, durch besondere Grundrechtsbestimmungen zu schützen, indem es durch abgestufte, bei den einzelnen Freiheitsrechten

---

[75] *Schätzler*, NJW 57, 819.

[76] *Wehrhahn*, AöR 82, 253.

[77] Zum Verhältnis von Inhalt und Umfang eines Grundrechts vgl. *Schnur*, VVDStRL 22, 103; ob Inhalt und Umfang eines Freiheitsrechts identisch sind, kann hier dahinstehen. Für die Frage der Sozialbezogenheit und Sozialbindung des Grundrechts ist allein entscheidend, daß die Freiheit keine Inhalte — verstanden als Gehalte — haben kann, die mit der Sozialbindung der Freiheit unvereinbar sind, so daß bei der Grenzziehung zum Sozialbereich hin Inhaltsbestimmung und Festlegung des Umfangs des Freiheitsrechts identisch sind.

[78] *Hamel*, Grundrechte, S. 45; *Rupp*, Grundfragen, S. 238 N. 425.

unterschiedliche und zum Teil subtil geregelte Vorbehalte die Möglichkeit freiheitsgestaltender Gesetze je nach dem in Frage stehenden Sachbereich differenziert gestaltet hat[79]. Einige Grundrechtsbestimmungen enthalten deshalb allgemein und weit formulierte Vorbehalte[80], die den grundrechtsgestaltenden Gesetzgeber relativ frei stellen. Andere hingegen differenzierte und sachlich engumschriebene konkrete Schranken, die als Interpretationsrahmen für den einfachen Gesetzgeber darüber Auskunft geben, wie sich der Verfassungsgeber die mögliche gesetzgeberische Gestaltung des in Frage stehenden Rechts vorgestellt hat. In diesen Fällen hat der Verfassungsgeber selbst authentisch interpretiert, welche Beschränkungen der Freiheit auf diesem oder jenem Gebiet hinzunehmen sind.

So darf nach Art. 12 I GG niemand zu einer bestimmten Arbeit gezwungen werden, außer im Rahmen einer herkömmlichen allgemeinen und für alle gleichen Dienstleistungspflicht. Aber: wer aus Gewissensgründen den Kriegsdienst verweigert, kann dennoch zu einem Ersatzdienst verpflichtet werden, denn er soll in anderer Form herangezogen werden können. Dieser Anordnung wird dann wiederum die freie Gewissensentscheidung gegenübergestellt, und der Verfassungsgeber ordnet an, daß dieser Ersatzdienst nicht die Dauer des Wehrdienstes übersteigen dürfe, damit nicht ein Gewissenszwang ausgeübt werden könne.

Weitgehend werden die in Art. 5 I GG genannten Rechte durch die allgemeinen Gesetze (Art. 5 II GG) beschränkt, vor allem aber durch die gesetzlichen Bestimmungen zum Schutze der Jugend und das Recht der persönlichen Ehre.

Andere Grundrechte wieder sind nur wegen bestimmter Anlässe zu begrenzen. So sind für die Vereinigungsfreiheit (Art. 9 I GG) keinerlei Schranken formuliert; aber Vereine, deren Zwecke oder deren Tätigkeit den Strafgesetzen zuwiderlaufen oder die sich gegen die verfassungsmäßige Ordnung oder gegen den Gedanken der Völkerverständigung richten, sind verboten (Art. 9 II GG). Ähnlich ist der Verfassungsgeber mit der Versammlungsfreiheit (Art. 8 I GG) verfahren; hier sind Grenzen vom Verfassunggeber nicht formuliert, jedoch steht die Versammlungsfreiheit für Veranstaltungen unter freiem Himmel unter einem allgemeinen Gesetzesvorbehalt. Ähnlich sind auch das Grundrecht der Freizügigkeit (Art. 11 GG) und das der Unverletzlichkeit der Wohnung (Art. 13 GG) nur unter gegenständlich bestimmten Voraussetzungen einschränkbar.

---

[79] So BVerfGE 6, 32 (37).
[80] z. B. Art. 2 II, 5 II, 8 II, 10, 12 I 2, 14 I 2 GG.

Wieder andere Freiheitsrechte, wie das der Glaubens- und Gewissensfreiheit (Art. 4 I GG) und die Freiheit der Kunst (Art. 5 III GG) sind ohne ausdrückliche Verfassungsvorbehalte geblieben.

Diese differenzierte Schrankengestaltung[81] bei den Freiheitsrechten hat den Sinn, Freiheit in den verschiedenen Lebensbereichen in unterschiedlicher Weise zu gewährleisten und zu versagen[82]. Das spricht dagegen, das einzelne Freiheitsrecht zugleich den Schranken anderer Freiheitsrechte, etwa der Generalschranke des Art. 2 I GG zu unterwerfen[83]. Ebenso wie die Einzelfreiheitsrechte ist Art. 2 I GG in seiner Komplementärfunktion als Auffangrecht ein eigenständiges Grundrecht und *nur* durch die ihm selbst beigegebenen Schranken des „Soweit"-Satzes begrenzt. Es ist die Aufgabe des Gesetzgebers, den generalklauselartigen Begriff der „verfassungsmäßigen Ordnung" auszufüllen und zu konkretisieren im Hinblick auf seine Funktion als Generalschranke des allgemeinen Freiheitsrechts des Art. 2 I GG. Er ist dabei gemäß Art. 1 III GG an *dieses* von ihm zu konkretisierende Freiheitsrecht gebunden. Die Überprüfung von Gesetzen am Maßstabe anderer Freiheitsrechte dagegen unterläßt ein solches Messen an Art. 2 I GG selbst, sie bestimmt Grenzen und Inhalt des Grundrechts *ohne* Bindung an ihn selbst und läßt ihn leerlaufen. Das bewußt differenzierende System der Grundrechtsschranken[84] wird damit nivelliert und seiner spezifischen Aussagekraft beraubt; die unterschiedliche Gestaltung der Freiheit in den verschiedenen Lebensbereichen wird auf diese Weise unterlaufen ebenso wie durch Versuche, die Schranken der Einzelfreiheitsrechte zu einer „allgemeinen Meßbarkeitsklausel" nach dem Vorbild des Art. 21 Abs. 4 HChEntw zusammenzufassen, die dann als materieller Maßstab der Begrenzung auch des Grundrechts des Art. 2 I GG dienen soll[85].

---

[81] *Hamel*, Grundrechte S. 30, weist daraufhin, daß gerade in ihr der Sonderrechtscharakter der Einzelfreiheitsrechte zum Ausdruck kommt.

[82] *Wertenbruch*, Menschenwürde, S. 88.

[83] Statt: *Bachof*, Verfassungsrecht, Verwaltungsrecht, Verfahrensrecht, S. 14; *ders.*, GR III/1, S. 167; *Maunz*, StR. S. 100; *Nipperdey*, GR IV/2, S. 767; *Wintrich*, Zur Problematik, S. 30 f.; *Lerche*, DÖV 65, 213; Eike *von Hippel*, Grenzen, S. 23 f. N. 4; *Hamann*, Wirtschaftsverfassungsrecht, S. 83, 100 f.; *Forsthoff*, die Umbildung des Verfassungsgesetzes, in: Verfassungsrechtliche Abhandlungen, S. 155; *ders.*, Jubiläumsschrift zum hundertjährigen Bestehen der deutschen Verwaltungsgerichtsbarkeit, 1963, S. 20 N. 2; *Ipsen*, VVDStRL 10, 85 f.; *Roemer*, Festschrift Dt. JT 1960, Bd. I, S. 570; *Scheuner*, DÖV 56, 69 *Stree*, Deliktsfolgen und Grundgesetz, S. 154.

[84] *Dürig*, JZ 57, 171; *Häberle*, Die Wesensgehaltsgarantie, S. 33, 37 f.; *Forsthoff*, die Umbildung des Verfassungsgesetzes, in: Verfassungsrechtliche Abhandlungen, S. 155; *Wertenbruch*, Menschenwürde, S. 88.

[85] Gegen *Ubers* (Freiheit des Berufs, S. 70) dahingehende Lösung wird zu Recht von *Dürig* (AöR 79, 66 f.) eingewandt, sie führe zu einem circulus vitiosus, wenn man sie innerhalb des Grundrechtsteils anwende, und zur Paralysierung des Systems der Grundrechtsschranken.

Die Gefahr der Nivellierung der Grundrechtsschranken besteht darüberhinaus dann, wenn die Lehre von der Garantiekonkurrenz zwischen Art. 2 I GG und den Einzelfreiheitsrechten[86] mit der der Schrankenkumulation verbunden wird[87], weil dann alle Einzelfreiheitsrechte, außer durch die ihnen beigegebenen Sonderschranken, *auch* durch die Generalschranke des Art. 2 I GG begrenzt werden und umgekehrt. Sie besteht darüberhinaus, wenn aus der Auffassung, daß die Einzelfreiheitsrechte lediglich „Anwendungsfälle"[88], „Ableitungen"[89], „Konkretisierungen"[90], „Ausformungen"[91] oder „Ausprägungen"[92] einer ihnen „übergeordneten"[93] „Generalklausel"[94] des Art. 2 I GG darstellen[95], gefolgert wird[96], daß deshalb „ipso iure"[97] diese Einzelfreiheitsrechte auch durch die Generalschranke des Art. 2 I GG begrenzt seien[98].

Denn wenn am „Sittengesetz", am Schutz der „Rechte anderer" und an der „verfassungsmäßigen Ordnung" alle Freiheitsrechte ihre Grenze finden sollen, weil „stärker als das Grundfreiheitsrecht des Art. 2 Abs. 1 GG kein Einzelfreiheitsrecht geschützt" sein dürfe[99] und wenn es außerhalb dieser Schranken „bei allen Grundrechten keine Freiheit gibt"[100],

---

[86] So *Huber*, Wirtschaftsverwaltungsrecht, Bd. I, S. 661; vgl. dazu auch *Wehrhahn*, AöR 82, 253 und *Nipperdey*, GR IV/2, S. 760.

[87] Vgl. dazu *Wehrhahn*, AöR 82, 259 f.

[88] Hess.StGH NJW 66, 31 (35); OLG Köln NJW 53, 78; *Dürig*, AöR 79, 59 f. N. 10; *ders.*, JR 52, 261; *ders.*, AöR 81, 121; *Hamann*, Rechtsstaat, S. 30; ablehnend *Scheuner*, VVDStRL 22, 42.

[89] *Hamann*, Wirtschaftsverfassungsrecht, S. 82 f.

[90] BVerfGE 1, 264/274; LVG Oldenburg NJW 51, 248; *Wintrich*, Zur Problematik, S. 23, 25 f.; *Hamann*, Wirtschaftsverfassungsrecht, S. 100 f., 116; *ders.*, Rechtsstaat, S. 63; *Laufke*, Festschrift für Heinrich Lehmann, Bd. 1, S. 159.

[91] BVerfGE 13, 290/296; *Dürig*, JR 52, 261; *ders.*, AöR 79, 60.

[92] BVerfGE 13, 97/104; 13, 181/185.

[93] *Peters*, Laun-Festschrift, 1953, S. 677.

[94] *Laufke*, Festschrift für Heinrich Lehmann, Bd. 1, S. 159; *Uber*, Freiheit des Berufs ,S. 62.

[95] In diesem Zusammenhang wird Art. 2 I GG auch als „Mutterrecht" der Einzelfreiheitsrechte bezeichnet; vgl. dazu oben S. 67.

[96] Die Richtigkeit dieses Schlusses wird von *Nipperdey*, GR IV/2, S. 766, zu Recht angezweifelt.

[97] *Peters*, Laun-Festschrift, 1953, S. 677.

[98] So z. B.: OVG Münster, VerwRspr 3, 737 (742); OVG Münster, DVBl 53, 474 (475); OVG Hamburg, DVBl 53, 536 (538); OVG Rheinland-Pfalz, DÖV 54, 279 (280); LVG Oldenburg, NJW 51, Hess. StGH NJW 66, 31 (35); 248; auch *Wintrich*, Zur Problematik, S. 23, 25 f.; *Laufke*, Festschrift für Heinrich Lehmann, Bd. 1, S. 159; *Naumann*, JZ 51, 446; *Krüger*, DVBl 50, 627; *ders.*, DÖV 55, 597/599; *Scholtissek*, NJW 52, 563.

[99] E. R. *Huber*, DÖV 56, 141.

[100] So *Dürig*, AöR 79, 63; vgl. aber *ders.*, JZ 57, 171; (Maunz)-*Dürig*, Kommentar, Art. 2 I Randn. 69, wo die Schrankentrias des „Soweit"-Satzes lediglich als Anhaltspunkt für eine rechtsähnliche Schrankengestaltung bei unbeschrankten Einzelfreiheiten herangezogen wird; ebenso *Bachof*, GR III/1 S. 167. *Scheuner*, VVDStRL 11, 61.

dann wird hier ebenfalls eine Schrankenkumulation erzielt, und der Inhalt des Grundrechts und der Umfang der Freiheit richten sich dann nach den jeweils engsten Schranken[101].

Das Bedenken, daß die Schrankensystematik der Freiheitsrechte unterlaufen wird und daß die Freiheitsrechte dadurch alle über „einen Kamm geschoren" würden[102], besteht schließlich auch dann, wenn Art. 2 I GG als *totales* Auffangrecht nicht bei nur thematischem, sondern bei jeglichem Versagen von Grundrechtsschutz durch die Einzelfreiheitsrechte herangezogen wird[103]. Die Erfolglosigkeit der Rüge, ein lästiges Gesetz verstoße gegen ein Einzelfreiheitsrecht, hätte dann regelmäßig zur Folge, daß nach vollzogener Überprüfung dieses Gesetzes auf seine Übereinstimmung mit dem Einzelfreiheitsrecht jederzeit zusätzlich dieses Gesetz auch auf seine Vereinbarkeit mit Art. 2 I GG überprüft werden könnte und müßte. Geht man mit Naumann[104] davon aus, daß etwa Artikel 12 GG einen Sonderfall des Art. 2 I GG bedeutet und folgert daraus, daß das Grundgesetz durch den in Art. 12 I 2 GG vorgesehenen Gesetzesvorbehalt der einfachen Gesetzgebung einen weiteren Spielraum einräumen wollte, als das nach Artikel 2 I GG möglich wäre, dann könnte dieses Gesetz von dem Betroffenen unter Berufung auf das Grundrecht des Art. 2 I GG zu Fall gebracht werden, nachdem das — einschlägige— Einzelfreiheitsrecht Grundrechtsschutz versagt hatte. Damit würde die Schrankengestaltung des Art. 2 I GG an die Themabereiche der Einzelfreiheitsrechte herangetragen und das differenzierende System der Freiheitsgewährung des Grundrechtskatalogs paralysiert[105].

---

[101] *Hamann* (Rechtsstaat, S. 68) meint, wo die Sonderschranken der Einzelfreiheitsrechte dem Gesetzgeber weitergehende Eingriffsmöglichkeiten gäben, könne das Einzelfreiheitsrecht auch noch über die Begrenzungsmöglichkeiten des Art. 2 I GG hinaus eingeschränkt werden. Jedoch müsse dabei der Wesensgehalt des Art. 2 I GG unangetastet bleiben. Einen Wesensgehalt der „Berufsfreiheit" des Art. 12 GG von spezifischer Art kann es dann wohl nicht geben — vgl. dagegen *Wintrich* (Zur Problematik der Grundrechte, S. 19, 20, 29), der auf die Selbständigkeit der Grundrechte und ihres jeweiligen spezifischen Wesensgehalts hinweist.

[102] *Prinz,* Die Begriffe der „verfassungsmäßigen Ordnung" im Bonner Grundgesetz, S. 51.

[103] Vgl. B. *Wolff,* Jb. öff. R. n. F. 9, 74; *Ehmke,* VVDStRL 20, 82; vgl. auch oben 3. Kap. I 2 a.

[104] *Naumann,* JZ 51, 423/426.

[105] Der Grundrechtsschutz würde sich in diesen Fällen jeweils nach dem für den Betroffenen „günstigsten" Grundrecht bemessen. Vgl. hierzu *Hamann* (Rechtsstaat, S. 68), der den Versuch unternimmt, die intensivere Eingriffsmöglichkeit des Gesetzgebers, die ihm das Einzelfreiheitsrecht gewährt, durch eine Bindung wenigstens an den Wesensgehalt des Art. 2 I GG auszugleichen: „Hervorzuheben ist aber, daß auch im Rahmen des in Art. 12 I 2 vorgesehenen Gesetzesvorbehaltes der Wesensgehalt des Art. 2 I unangetastet bleiben muß."

Zur „verfassungsmäßigen Ordnung" i. S. des Art. 2 I GG gehören deshalb in seinem Anwendungsbereich als selbständiges Auffanggrundrecht nur diejenigen Gesetze, die auch vor dem Freiheitspostulat des Art. 2 I GG *selbst* Bestand haben, die auch an ihm *selbst* gemessen und mit ihm *selbst* vereinbar sind und nicht nur mit Postulaten „außerhalb von Art. 2 I GG selbst"[106].

2. Die notwendige Passivität und Unselbständigkeit der Grundrechtsschranke der „verfassungsmäßigen Ordnung" in Art. 2 I GG in dessen durch die Einzelfreiheitsrechte überdeckten Anwendungsbereich

Wie vorstehend ausgeführt, lassen sich die Anwendungsbereiche des Art. 2 I GG und der übrigen Freiheitsrechte des Grundgesetzes „thematisch" abgrenzen. Inhalt und Umfang der Freiheit werden in diesem Lebensbereich nur durch diejenigen Gesetze rechtmäßig und grundrechtskonform gestaltet und abgegrenzt, die mit dem zu gestaltenden und zu konkretisierenden thematisch einschlägigen Freiheitsrecht vereinbart sind.

In Ergänzung zu den vorstehenden Ausführungen zu 1. ist es aber erforderlich, die Systematik der Grundrechtsschranken zu untersuchen, um das Verhältnis der Schranken des Art. 2 I GG zu den der ihm folgenden Einzelfreiheitsrechte in denjenigen Freiheitsbereichen darzustellen, in denen die menschliche Freiheitsbetätigung ihre besondere Ausprägung durch die speziellen Freiheitsrechte gefunden hat[107]. Eine solche Untersuchung ist deshalb erforderlich, weil Art. 2 I GG thematisch nicht nur diejenigen Lebensbereiche erfaßt, in denen er als selbständiges Auffangrecht effektive Wirksamkeit als Grundrecht besitzt, sondern darüberhinaus thematisch auch überall dort betroffen ist, wo auch die Themata der Einzelfreiheitsrechte angesprochen sind. Es ergibt sich folglich die Notwendigkeit, für diese Themenbereiche, in denen Art. 2 I GG mit Einzelfreiheitsrechten konkurriert, Inhalt und Umfang der Freiheit zu bestimmen, d. h. zu entscheiden, welches der thematisch betroffenen Freiheitsrechte — Art. 2 I GG oder eines der Einzelfreiheitsrechte — hier Maßstab und Bindung für den einfachen Gesetzgeber abgeben soll.

Wie bereits gezeigt wurde, derogieren die Einzel-Freiheitsrechte dem allgemeinen und umfassenden Freiheitsrecht des Art. 2 I GG auf der *Freiheitsseite* nicht, vielmehr ist davon auszugehen, daß Art. 2 I GG auf der Freiheitsseite auch die thematischen Bereiche der Einzelfreiheitsrechte „mitumfaßt"[108]. Mit dem Bundesverfassungsgericht und der

---

[106] Entgegen BVerfGE 9, 137 (146); 17, 306 (313).

[107] Vgl. bei *Jesch*, Gesetz und Verwaltung, S. 135.

[108] So BVerfGE 13, 290 (296) — eine Entscheidung, die für die gesamte Rechtsprechung des Gerichts zum Verhältnis von Art. 2 I GG zu den Einzelfreiheitsrechten paradigmatisch ist.

überwiegenden Auffassung des Schrifttums[109] wird die Auffassung vertreten, daß Garantiekonkurrenz auf der Freiheitsseite des Grundrechts nicht auf seiner Bindungsseite, also im Schrankenbereich mit einer Schrankenkumulation[110] einhergehen kann, weil die besondere Freiheitsgewährung durch die Einzelfreiheitsrechte, die gerade in der spezifischen Schrankengestaltung ihren Ausdruck findet[111], das allgemeine Freiheitsrecht, d. h. seine Schrankengestaltung verdrängt bzw. überdeckt. Ist aber das Grundrecht des Art. 2 I GG in diesem überdeckten Bereich auch durch die thematisch die Einzelfreiheitsrechte betreffenden Gesetze stets mit betroffen[112], dann muß es auch „mit begrenzt" werden, und zwar in solchem Maße, daß es nicht mehr — aber auch nicht weniger — Freiheit gewährt, als es die Sonderschranken des jeweiligen Einzelfreiheitsrechts zulassen.

Das hat zur Folge, daß das Grundrecht des Art. 2 I in diesen durch die Einzelfreiheitsrechte überdeckten Themabereichen — im Gegensatz zu seiner Funktion als selbständiges Auffangrecht der von den Einzelfreiheitsrechten nicht erfaßten Freiheiten — nach Inhalt und Grenzen notwendig „fremdbestimmt" ist, weil hier die Grundrechtsschranken des jeweils konkurrierenden Einzelfreiheitsrechts denen des Art. 2 I GG derogieren. Der Schrankentrias des „Soweit"-Satzes des Art. 2 I GG kommt hier trotz thematischen Mitbetroffenseins des Art. 2 I GG keine selbständige Bedeutung zu. Art. 2 I GG kann in denjenigen Bereichen, in denen er durch die Einzelfreiheitsrechte verdeckt ist, nicht mehr oder weniger Freiheit gewähren oder verweigern als das ihm derogierende Einzelfreiheitsrecht; er erscheint in diesem verdeckten Anwendungsbereich als passiv, inhaltlich fremdbestimmt und unselbständig. Dem Grundrecht des Art. 2 I GG kommt also selbständige Bedeutung nur in demjenigen Bereiche zu, der als „Auffangbereich" bezeichnet wurde; nur hier hat er Bedeutung als selbständiges Grundrecht und nur hier kann ein Messen grundrechtsgestaltender Gesetze an ihm *selbst* in Betracht kommen.

Zur „verfassungsmäßigen Ordnung" in den durch Einzelfreiheitsrechte verdeckten thematischen Bereichen gehören hingegen alle Gesetze, die dem derogierenden Einzelfreiheitsrecht, gemessen an dessen Sonderschranken, gemäß sind. Wenn daher von einem „Leerlaufen" des Grundrechts des Art. 2 I GG und von der Notwendigkeit gesprochen wird, die Zulässigkeit der dieses Grundrecht begrenzenden Gesetze an Art. 2 I GG

---

[109] Vgl. die Nachweise oben 3. Kap. II 1 N. 83.

[110] Vgl. *Wehrhahn*, AöR 82, 259 f.

[111] Vgl. dazu im einzelnen oben 3. Kap. II 1.

[112] So BVerfGE 13, 290 (296).

selbst zu messen, kann stets nur Art. 2 I GG als selbständiges Grundrecht in seinem *Auffangbereich* als Komplementärrecht angesprochen sein; in dem durch die Einzelfreiheitsrechte verdeckten Bereich kommt dem Art. 2 I GG dagegen keinerlei selbständige Bedeutung zu.

Viertes Kapitel

Versuch der Interpretation der Freiheitsrechte und Freiheitsrechts-Schranken von ihrer Funktion her

Mit den vorstehenden Untersuchungen zu einer thematischen Abgrenzung des Art. 2 I GG von den Einzelfreiheitsrechten und ihrer Schrankensystematik war versucht worden, den Charakter des Grundrechts des Art. 2 I GG in seinem Anwendungsbereich als „Auffangrecht" für die sog. „Innominatfreiheiten" hervorzuheben. Dabei hat sich gezeigt, daß dem „Leerlaufen" des Grundrechts nicht damit zu begegnen ist, daß freiheitsbegrenzende Gesetze in seinem thematischen Anwendungsbereich an anderen Maßstäben, nämlich denen der Einzelfreiheitsrechten, gemessen werden.

Um Maßstäbe zu finden, die in Art. 1 III GG postulierte Bindung des Gesetzgebers an die Grundrechte zu verwirklichen, ist es erforderlich, das Verständnis von Freiheit und Bindung im sozialen Rechtsstaat aufzuzeigen, um an diesem Freiheitsverständnis Wesen und Funktion gesetzgeberischer Betätigung im Grundrechtsbereich zu erforschen; es soll vom materiellen Verfassungsrecht her nach der für die Grundrechtsauslegung adäquaten Methode gesucht werden, den materiellen Anforderungen der Verfassung zur Durchsetzung zu verhelfen.

I. Das Verständnis der Freiheitsrechte im sozialen Rechtsstaat — die Bedeutung der Sozialstaatsklausel für die Grundrechtsinterpretation

1. Problematik

Die Bundesrepublik Deutschland ist ein sozialer[1] Rechtsstaat[2].

Von den verschiedenen möglichen Bedeutungen der Sozialstaatsklausel[3] interessiert hier nicht ihre Relevanz als „Staatszielbestimmung"[4]

---

[1] Das Adjektiv „sozial" findet sich im Grundgesetz in Verbindung einmal mit dem Substantiv „Bundesstaat" (Art. 20 I GG) und ein andermal mit dem Substantiv „Rechtsstaat" (Art. 28 I GG). Hierin liegt kein Gegensatz (vgl. *Salomon*, Der soziale Rechtsstaat als Verfassungsauftrag des Grundgesetzes, S. 20 N. 3); das Beiwort „sozial" ist auch in Art. 20 Abs. 1 GG als Kennbezeichnung der Staatsordnung und nicht als Charakteristikum des föderativen Systems zu verstehen (*Scheuner*, Recht—Staat—Wirtschaft, Bd. 3 S. 154).

zur Herstellung und Wahrung sozialer Gerechtigkeit[5] durch Umgestaltung der Sozialordnung und ihrer wirtschaftlichen Grundlagen[6]. Es ist vielmehr zu untersuchen, ob der Sozialstaatsproklamation Bedeutung auch für den Begriff des Rechtsstaats und das Verständnis der Freiheit des Einzelnen zukommt. Wenn die Sozialstaatsklausel als verfassungsmodifizierendes Prinzip[7], als „Gegengewichtsfaktor"[8] der liberalen Rechtsstaatsstruktur das Grundgesetz zu einem „sozialen Rechtsstaat" prägen soll, dann kann sie nicht zur Staatszielbestimmung, sondern muß vollendete Tatsache, hergestellter und bereits wirkender und ins Werk gesetzter „Zustand"[9] sein.

Es kann kaum bestritten werden, daß sich bei einer rein quantitativen Betrachtung des grundgesetzlichen Normenbestandes[10] ein deutliches Übergewicht derjenigen Bestimmungen ergibt, die ihrem Phänotypus nach[11] rein bürgerlich-liberales Rechtsgut darstellen; ein Charakterzug, der bei einem Vergleich mit der Verfassung von Weimar verstärkt in Erscheinung tritt, weil die sozialen Grundrechte der Art. 151 ff. WRV in das Grundgesetz nicht Eingang gefunden haben[12].

---

[2] Die Formulierung „sozialer Rechtsstaat" geht nach *Menger*, Der Begriff des sozialen Rechtsstaates im Bonner Grundgesetz, S. 3, auf den SPD-Abgeordneten Carlo *Schmid* zurück; er wird schon von Hermann *Heller* (Rechtsstaat oder Diktatur, S. 9 f.) und Heinrich *Triepel* (VVDStRL 7, 197) verwendet; vgl. dazu auch *Abendroth* (Festschrift für Ludwig Bergstraesser, S. 281 f.).

[3] s. dazu *Bachof*, VVDStRL 12, 39 ff.; *Salomon*, Der soziale Rechtsstaat als Verfassungsauftrag des Bonner Grundgesetzes, S. 23 f.; *Lerche*, Übermaß, S. 231 f.

[4] *Forsthoff*, VVDStRL 12, 27; *Ipsen*, Das Grundgesetz in seiner Vorläufigkeit (Über das Grundgesetz), in: Recht—Staat—Wirtschaft, Bd. 2 S. 187; *Ballerstedt*, GR III/ 1, S. 51.

[5] *Heller*, Rechtsstaat oder Diktatur?, S. 11; *Nawiasky*, Die Grundgedanken des Grundgesetzes, S. 66; in diesen Rahmen gehört auch die Frage, ob die Sozialstaatsklausel einen Anspruch auf Gewährleistung eines sozialen Mindeststandards (vgl. dazu *Leisner*, Grundrechte und Privatrecht, S. 163 m. w. Nachw.), inbes. auf soziale Fürsorge im Notfall gewährleistet — bejahrend insofern *Forsthoff*, VVDStRL 12, 37 f.

[6] *Abendroth*, VVDStRL 12, 86; insofern ist der soziale Rechtsstaat erst „zu verwirklichen" (a.a.O.), und er bezeichnet insofern nicht ein „Sein", sondern ein „Sollen" (a.a.O., S. 87).

[7] E. R. *Huber*, Wirtschaftsverwaltungsrecht, Bd. I S. 37.

[8] *Abendroth*, Bergstraesser-Festschrift, S. 284.

[9] Das meint wohl *Leisner* (Grundrechte und Privatrecht, S. 162), wenn er gegen *Abendroth* (VVDStRL 12, 86 f.) ausführt, der soziale Rechtsstaat habe zu bestehen, nicht: er sei zu verwirklichen.

[10] P. *Kleiser*, (Der Vorbehalt des Gesetzes nach dem Bonner Grundgesetz, S. 83 f.) verweist in diesem Zusammenhange gerade auf die Freiheitsrechte und die zu ihrer Verwirklichung geschaffenen prozessualen Verbürgungen.

[11] So *Dürig*, JR 52, 261.

[12] Vgl. hierzu die Feststellungen von *Ipsen*, (Das Grundgesetz in seiner Vorläufigkeit = Über das Grundgesetz, in: Recht—Staat—Wirtschaft, Bd. 2 S. 186, 190; *ders.*, VVDStRL 10, 74 ff.; Werner *Weber*, Spannungen und Kräfte im

An dieses typische liberale Erscheinungsbild des Grundgesetzes, insbesondere seiner aus dem liberalen (bürgerlichen) Rechtsstaat des 19. Jahrhunderts fast unverändert rezipierten Grundrechte knüpft denn auch die Auffassung an, daß dem Grundgesetz das „grundlegende Verteilungsprinzip" des bürgerlichen Rechtsstaats zugrunde liege und daß es deshalb eine rein bürgerlich-liberale Verfassung darstelle[13].

Die in diesem Zusammenhange aufgeworfene Frage, ob das Sozialstaatsbekenntnis der Art. 20 I, 28 I GG mit dem traditionell-liberalistischen Verfassungsbestand, hier also mit dem klassischen liberalen Freiheitsverständnis auf Verfassungsebene zu einem Verständnis des Rechtsstaats als „sozialen" Rechtsstaats und zu einer veränderten Vorstellung von individueller Freiheit verschmolzen ist, wird damit zu einem für das Selbstverständnis des Grundgesetzes entscheidenden Problem.

2. Freiheitsrechte und Sozialstaat — die Frage ihrer Verbindung zum sozialen Rechtsstaat

a) Zur Lehre Forsthoffs und Kleins von dem antinomischen Gegensatz zwischen Rechtsstaat und Sozialstaat

Die Existenz des Sozialstaatsbekenntnisses als Verfassungsrecht in Art. 20 I und Art. 28 I GG und seiner Einbeziehung auch in die „Ewigkeitsentscheidung" des Art. 79 III GG hat nicht verhindern können, daß ihm als Verfassungsrecht kaum institutionelle Bedeutung beigemessen wurde. Insbesondere *Forsthoff*[14] vertritt die Auffassung, das sozialstaatliche Bekenntnis berühre die strukturelle Verfassungsform der Bundesrepublik nicht[15], diese sei nach wie vor mit dem Begriff Rechtsstaat — gemeint ist der ausgeprägt liberale Rechtsstaat — erschöpfend bezeichnet. Rechtsstaat und Sozialstaat ständen in einem unüberbrückbaren „antinomischen" Gegensatz[16], sie seien auf der Verfassungsebene nicht verschmolzen.

---

westdeutschen Verfassungssystem, S. 17 f.; *Abendroth*, Bergstraesser-Festschrift, S. 183; *Hamann*, Rechtstaat und Wirtschaftslenkung, S. 19; *Menger*, Der Begriff des sozialen Rechtsstaates im Bonner Grundgesetz, S. 21; *Thieme*, ZgesStW 113, 288 f.

[13] Vor allem *Klein*, ZgesStW 106, 402; *Nawiasky*, die Grundgedanken des Grundgesetzes, S. 66; unklar *Friesenhahn*, (Die politischen Grundlagen des Bonner Grundgesetzes, in: Recht—Staat—Wirtschaft, Bd. 2 S. 175 einerseits — S. 178 f. andererseits).

[14] VVDStRL 12, 29.

[15] Ebenso *Kleiser*, Der Vorbehalt des Gesetzes nach dem Bonner Grundgesetz, S. 88.

[16] *Klein*, ZgesStW 106, 404; *Forsthoff*, a.a.O., S. 25, 29.

Diese Erkenntnis wird von Forsthoff ersichtlich auf rechtlich verschiedenen Ebenen gewonnen: Auf der Ebene des Verfassungsrechts — so *Forsthoff* — beziehe sich die durch Ausgrenzung gesicherte Freiheit auf einen Staat, der sich Grenzen setzt, der den Einzelnen seiner gesellschaftlichen Situation, so wie sie ist, überläßt, einen Staat also, der in dieser Relation den status quo gelten läßt[17]. Andererseits soll auf der Ebene unter Verfassungsrang, wo sich auch Rechtsstaat und Sozialstaat verbinden ließen[18], der Gedanke der Teilhabe in Erscheinung treten, allerdings eben nicht verfassungsrechtlich als Teilhabe am Staat, als Bekenntnis zu ihm und als Mitwirkung im Sinne einer auch „sozialen Funktion" der Freiheit des Einzelnen, sondern als Recht und Anspruch gegen einen leistenden, zuteilenden und verteilenden Staat, der den Einzelnen nicht seiner gesellschaftlichen Situation überläßt, sondern ihm durch Gewährungen zu Hilfe kommt. Dies und nur dies sei der soziale Staat[19].

In der Tat: es kann nicht bestritten werden, daß eine Vorstellung widersprüchlich ist, die einerseits die individuelle Freiheit als „Reservat" einer vom „Staat" abgegrenzten „autonomen" Gesellschaft versteht, die aber zugleich diese „Autonomie" selbst nicht recht ernst nimmt, insofern als sie diesen aus dem Bereich der „autonomen" Persönlichkeit angeblich völlig verbannten Staat in stets wachsendem Maße mit Aufgaben der Erhaltung, Ordnung und Pflege dieses gesellschaftlichen Bereichs im Rahmen der sog. „Daseinsvorsorge" betraut. Das Postulat: Freiheit vom Staate um der Freiheit willen läßt sich nicht harmonisieren mit der Forderung: Staatliches Engagement um eben dieser Freiheit willen[20].

Es ist deshalb das grundlegende Problem der Bestimmung des Standorts der Freiheit im sozialen Rechtsstaat, daß der staatsrechtlich überkommene bürgerlich-liberale Freiheitsbegriff des ausgehenden 19. Jahrhunderts wesentlich als „antistaatliche" Errungenschaft der Gesellschaft

---

[17] *Forsthoff*, VVDStRL 12, 19.

[18] a.a.O., S. 29.

[19] a.a.O., S. 19.

[20] Freilich ist dieser Widerspruch keine „Antinomie", die der Integrierung des Sozialstaatsgedankens auf der Verfassungsebene entgegenstände K. *Hesse* (Smend-Festschrift 1962, 71) bemerkt zur Methode in diesem Zusammenhange m. E. zutreffend, daß es nicht angängig sei, den Begriff des Sozialstaats, wenn man ihn mit *Forsthoff* als bloße Gegebenheit versteht (*Forsthoff*, VVDStRL 12, 8), mit einem auf der Verfassungsebene beheimateten, dort auch gewonnenen und von der gesellschaftlichen Ebene völlig getrennt verstandenen Begriff des Rechtsstaats in Beziehung zu setzen: ist doch mit ihm lediglich die *Folge* der Nichtintegrierung des Sozialstaatsgedankens mit dem Rechtsstaatsbegriff auf der Ebene des Verfassungsrechts gekennzeichnet. Die Widersprüchlichkeit dieser Vorstellung drängt vielmehr geradezu nach einer Harmonisierung durch Integration des Sozialstaatsprinzips auf der Ebene der Verfassung.

verstanden worden ist und von einigen noch heute so verstanden wird[21]. Dieses Freiheitsverständnis wurzelte im Selbstbewußtsein und der Selbstsicherheit eines politisch und wirtschaftlich, geistig und soziologisch in revolutionärem Aufstiege begriffenen Bürgertums; es basierte auf der Expansionskraft des Satzes, daß jeder seines Glückes Schmied sei und lebte von ihm als Maxime eines allein verbindlichen Entfaltungsprinzips.

Freiheit vom Staate bedeutete daher sowohl Freiheit von Interventionen — wie auch Freiheit von Subsidien.

Die Existenz der Freiheit im modernen Gemeinwesen und damit der Begriff der Freiheit selbst haben durch die Entwicklung einen anderen Inhalt und eine veränderte Zielrichtung erhalten. Die Abhängigkeit des Einzelnen von der Gemeinschaft, begleitet von einem stetig anwachsenden „Hineinwirken" des Staates in den Sozialbereich lassen die Vorstellung von der sozialen Autarkie der Einzelperson nachhaltig unreal erscheinen und machen ein verändertes Freiheitsbild notwendig, das die reale Besitzergreifung des Staates an der Gesellschaft und die fortschreitende Abhängigkeit des Einzelnen von diesem daseinsvorsorgenden Staat auch umgekehrt vollzieht, nämlich durch Einwirken der sozialen Kräfte auf jenem Staat. Der soziale Gedanke wendet sich dem Gemeinwesen zu und zielt — das ist das demokratische Element des sozialen Freiheitsverständnisses[22] — auf Mitwirkung und Besitzergreifung *am* Staate ab. Der Einzelne, der sich in fortschreitendem Maße in seiner wirtschaftlichen und sozialen Selbständigkeit bedroht sieht und der zugleich in demselben Umfange die staatliche Daseinsvorsorge hinnimmt, ja fordert, strebt als Ersatz für die verlorengegangene Autarkie wenigstens eine Kontrolle und Mitwirkung an der ihn kontrollierenden Staatsgewalt an. Die Verschmelzung des Sozialstaatsgedankens mit dem der individuellen Freiheitsrechte zu einem neuen Freiheitsbegriff gibt deshalb der Freiheit einen neuen Akzent, nämlich den der Freiheit auch zur Mitwirkung *am* Staat. Da aber jeder Staat in gewissem Umfange auch politisch-ideologisch begründet ist, müßte jene Freiheit auch einen Minimalkonsensus politisch-ideologischen Inhalts umfassen. Das wäre die notwendige Folge der gegenseitigen Durchdringung von Staat und Gesellschaft.

Gerade gegen diese Verschmelzung des Freiheitsbegriffs mit dem sozialen Gedanken wendet sich Forsthoff.

---

[21] Vgl. *Forsthoff*, Haben wir zuviel oder zuwenig Staat? in: Verfassungsrechtliche Abhandlungen, S. 66: „Staatsgesinnung als Grundlage der Gehorsamsbereitschaft erwächst nicht aus der Freiheit... Die Freiheit isoliert den Menschen — sie distanziert ihn vom Staat. Sie konstituiert nichts an überindividueller Ordnung... Sie bringt keine Staatsgesinnung hervor."

[22] *Thieme*, ZgesStW 113, 293.

Nach seiner Auffassung liegt die Autonomie einer vom Staate geschieden gesehenen Gesellschaft den Freiheitsrechten und der Organisation des Rechtsstaats ersichtlich zugrunde[23]; das Verfassungsrecht des Rechtsstaats sei deshalb, wenn man überhaupt den Rechtsstaat wolle, in hohem Maße von dem Wechsel der Ambiance zu lösen[24]. Diese Technizität der rechtsstaatlichen Verfassung könne durch materiale Gehalte nur unterhalb der Verfassungsebene angereichert werden[25], deshalb müsse jeder Versuch, die Verfassung im formellen und die im materiellen Sinne zu identifizieren, für die moderne rechtsstaatliche Verfassung gänzlich aufgegeben werden[26]. Unter Bezugnahme auf *Triepel*[27] warnt *Forsthoff* deshalb vor einer Etikettierung des Rechtsstaats mit Adjektiva wie liberal, bürgerlich, sozial, national oder nationalsozialistisch, nachdem gerade der Rechtsstaat von Weimar an diesem Versuche zerbrochen sei[28].

Gegen diese Methode, mit deren Hilfe Forsthoff den „Rechtssatz"[29] des Sozialstaatsgebots „nullifiziert"[30] sind Bedenken zu erheben. Die Auffassung, die zwischen Rechtsstaat und Sozialstaat bestehende Antinomie sei nur durch eine „Entscheidung" zu überbrücken[31], die dennoch nicht ein Akt individueller Dezision sein soll, sondern „mit dem Grundgesetz gegeben"[32]; weil die Entscheidung für den Rechtsstaat im Grundgesetz primär und evident in Art. 20 GG bezeugt und in Art. 79 GG mit höchster Wirkung bekräftigt sei[33], kann nicht überzeugen. Sie ignoriert, daß

[23] VVDStRL 12, 15; obwohl er an anderer Stelle auf den „Wegfall des Dualismus von Staat und Gesellschaft" ausdrücklich hinweist (a.a.O. S. 27) und sogar erklärt: „Die Entstehungsgeschichte der Bundesrepublik gestattet es nicht mehr, an der Priorität und Superiorität des Staates gegenüber der Gesellschaft festzuhalten. Die Bundesrepublik als Staat ist zur Funktion der Gesellschaft geworden" („Die Bundesrepublik Deutschland", in: Verfassungsrechtliche Abhandlungen, S. 201), hält er doch für das Verständnis der Freiheitsrechte an diesem Dualismus unverrückbar fest.

[24] VVDStRL 12, 17.

[25] a.a.O., S. 31.

[26] a.a.O.

[27] VVDStRL 7, 197.

[28] *Forsthoff*, Der introvertierte Rechtsstaat und seine Verortung, in: verfassungsrechtliche Abhandlungen, S. 217; eine Behauptung von nur geringem Wahrheitsgehalt, wenn man sich vergegenwärtigt, daß die Technik der Machtergreifung wesentlich in der Beseitigung der rechtsstaatlichen Schutzmechanismen des Rechtsstaats bestand (Ermächtigungsgesetz!), und daß dies nach vorherrschender Auffassung eine Folge gerade nicht eines materialen Verfassungsverständnisses, sondern eben einer Formalisierung und Neutralisierung des Verfassungsdenkens gewesen ist (vgl. *Peters*, Das Recht, S. 47; s. auch oben 2. Kap. III.

[29] *Menger*, Der Begriff des sozialen Rechtsstaats im Bonner Grundgesetz, S. 4.

[30] So E. R. *Huber*, DÖV 56, 201.

[31] *Forsthoff*, VVDStRL 12, 25.

[32] a.a.O., S. 14 .

[33] a.a.O., S. 25.

das Grundgesetz *auch* die Sozialstaatsproklamation in die sog. „Ewigkeitsentscheidung“ des Art. 79 III GG einbezieht; eine Tatsache, die im Schrifttum mit Recht immer wieder als entscheidend für die Verfassungsrelevanz der Sozialstaatsklausel in den Vordergrund gestellt wird[34].

b) Die Überwindung des Gegensatzes von Rechtsstaat und Sozialstaat durch eine verbindende Interpretation

Die von Forsthoff herausgestellte und eingangs erläuterte Gegensätzlichkeit des bürgerlich-liberal verstandenen Rechtsstaatsgedankens und des Sozialstaatsprinzips mach E. R. *Huber*[35] zur Grundlage seiner Untersuchungen; er weist auf die Verschiedenheit der Herkunft der beiden Begriffe hin.

Der Rechtsstaat ist aus dem Kampf der bürgerlichen Gesellschaft gegen den Staat, der Sozialstaat aus dem Kampf der industriellen Gesellschaft um den Staat hervorgegangen. Das wird anhand der Wertschätzung gemeiner Güter und der gewünschten Angriffsrichtung oder Schutzfunktion des Staates belegt. Während der liberale Gedanke den Schutz des privaten Eigentums will, da dieses ihm als der Urgrund persönlicher Freiheit gilt, fordert der soziale Gedanke Bindung, Beschränkung und unter Umständen sogar die Entziehung des Eigentums, sofern dies zur Deckung des Sozialbedarfs oder zur Befriedigung sozialer Spannungen geboten erscheint.

Es zeigt sich diese historisch bedingte Unterschiedlichkeit der Angriffsrichtungen auch im Freiheitsverständnis, das im bürgerlich-liberalen Rechtsstaat gemeint ist als Freiheit vom Staat, als Ausgrenzung, als Raum, der einer rechtlichen Gestaltung durch den Staat nicht zugänglich ist[36], wohingegen der Freiheitsbegriff des Sozialstaats auch ein Besitzergreifen *am* Staat, ein Mitwirken *im* Staat und eine Freiheit *zum* Staate meint. Der liberale Rechtsstaatsgedanke und die Sozialstaatsidee stehen deshalb in der Tat in einem gegensätzlichen[37] „polaren Span-

---

[34] *Merk*, VVDStRL 12, 100 f.; E. R. *Huber*, DÖV 56, 200; *Ipsen*, VVDStRL 10, 85; (Maunz)-*Dürig*, Kommentar, Art. 2 I Randn. 25; *Dürig*, AöR 79, 83; *ders.*, JZ 53, 197; *Thieme*, ZgesStW 113, 296; *Abendroth*, Bergstraesser-Festschrift, S. 280; *ders.*, VVDStRL 12, 85 ff.

[35] Rechtsstaat und Sozialstaat, S. 21.

[36] Zu den geschichtlichen Ursachen dieses Verständnisses vgl. bei *Ehmke*, Smend-Festschrift 1962, S. 23 (39 ff.); *ders.*, Wirtschaft und Verfassung, S. 5.

[37] E. R. *Huber*, Rechtsstaat und Sozialstaat, S. 22; *Scheuner*, VVDStRL 11, 20; *Krüger*, VVDStRL 12, 110.

nungsverhältnis"[38] — und der Begriff „sozialer Rechtsstaat" ist von einer „Komplexizität[39] und Spannungslage"[40] gekennzeichnet, die von Forsthoff[41] als Antinomie bezeichnet wird.

Es ist nicht möglich und zulässig, die Spannungslage und „dialektische" Einheit[42] dieses Begriffs durch zu starke Betonung des einen oder anderen Moments zu sprengen[43], denn es gibt weder einen Primat des Rechtsstaats vor dem Sozialstaat noch auch umgekehrt einen Vorrang des Sozialstaatsgedankens vor dem des Rechtsstaatsprinzips liberalen Verständnisses[44]. Die grundsätzliche Verfassungsentscheidung für den „sozialen Rechtsstaat" im Grundgesetz, die Rechtsstaat *und* Sozialstaat will[45], steht einer Zerlegung der Einheit des Begriffs „sozialer Rechtsstaat" in einen „Rechtsstaat" und einen „Sozialstaat" entgegen[46], die schließlich nichts weniger als die Eliminierung des Sozialstaatsgedankens als Verfassungssatz mit Hilfe „einer Entscheidung"[47] und seine Verweisung in den „Vorhof bloßer faktischer Gegebenheiten der Verwaltung und der unterverfassungsmäßigen Rechtsordnung in einem faktischen Wohlfahrts- und Vorsorgestaat"[48] zur Folge haben müßte[49]. Es ist vielmehr angesichts des Spannungszustandes[50] zwischen dem Rechtsstaatsbegriff und dem der Sozialität zu versuchen, mit Hilfe einer „systematischen Gesamtbetrachtung und Zusammenschau des Grundgesetzes und einer Verknüpfung der Grundrechte . . . mit der Sozialstaatserklärung der Art. 20, 28 GG"[51] den individuellen und den sozialen Pol des Begriffs des „sozialen Rechtsstaats" nicht zu isolieren, sondern sie zu-

---

[38] *Hubmann, Nipperdey*-Festschrift 1965, S. 53.

[39] *Krüger*, VVDStRL 12, 110.

[40] E. R. *Huber*, Rechtsstaat und Sozialstaat, S. 25.

[41] VVDStRL 12, 29; *Klein*, ZgesStW 106, 404.

[42] *Krüger*, VVDStRL 12, 110; *Heinelt*, Der Begriff „verfassungsmäßige Ordnung" nach dem Grundgesetz für die Bundesrepublik Deutschland vom 23. Mai 1949, S. 195.

[43] *Salomon*, Der soziale Rechtsstaat als Verfassungsauftrag des Grundgesetzes, S. 21.

[44] E. R. *Huber*, Rechtsstaat und Sozialstaat, S. 25 f.; *Krüger*, VVDStRL 12, 110.

[45] Nach Auffassung des Bundesverfassungsgerichts (Bd. 7, 404 f.) sind im sozialen Rechtsstaat der Freiheitsanpruch des Einzelnen und der Schutzanspruch der Gemeinschaftserfordernisse „gleichermaßen legitime Forderungen"; vgl. auch E. R. *Huber*, DÖV 56, 200 (203); *Häberle*, Die Wesensgehaltsgarantie, S. 38.

[46] Konrad *Hesse*, Smend-Festschrift 1962, S. 78 N. 27.

[47] *Forsthoff*, VVDStRL 12, 25.

[48] *Ridder*, Zur verfassungsmäßigen Stellung der Gewerkschaften im Sozialstaat nach dem Grundgesetz für die Bundesrepublik Deutschland, S. 7.

[49] Vgl. dazu auch *Krüger*, VVDStRL 12, 109 f.

[50] *Hubmann*, Nipperdey-Festschrift 1965, S. 53.

[51] *Bachof*, GR III/1 S. 165.

sammenzudenken, weil der Begriff des „sozialen Rechtsstaats" als Begriff des Verfassungsrechts aus seiner „inneren Logik"[52] heraus, als ein zusammengehöriges Ganzes[53] mit dem Ziel der Herstellung einer „höheren Einheit"[54] interpretiert werden muß. Die Verschmelzung des Sozialstaatsgedankens mit dem des Rechtsstaats zu einem geschlossenen eigenwertigen Begriff des „sozialen Rechtsstaats" findet ihre typische Entsprechung in der Bestimmung des Verhältnisses der individuellen Freiheitsrechte des Grundgesetzes[55] zu dem Gedanken ihrer Sozialbildung, der in Art. 20, 28 GG seinen Sitz hat.

Auch bei der Bestimmung des Freiheitsverständnisses des Grundgesetzes ist es die Aufgabe der Interpretation, die einzelnen Rechtsgüter der Verfassung zu einer Einigung, zu einem „Gesamtzustand"[56] „verbindenden Wollens"[57], zu einer „Gesamtordnung"[58] oder einem „geschlossenen Ganzen" zusammenzuführen[59]. Auch Freiheitsrechte und Sozialstaatsklausel, Freiheit und Bindung stehen nicht in einem Verhältnis einander ausschließender Regel und Ausnahme[60], sondern in einem Sinnzusammenhang[61], dem der Einheit der Verfassung[62], im Sinne einer in sich geschlossenen und sinnvollen Rechtsordnung[63]. In diese gegebene, aber auch aufgegebene[64] Einheit der Verfassungsordnung ist jedes Rechtsgut der Verfassung, auch die Grundrechte, eingeordnet und damit den übrigen Verfassungsrechtsgütern in bestimmter Weise zugeordnet zu einem „Kraftfeld"[65] wechselseitiger Abgrenzung und Bedingtheit[66]. Für die individuellen Freiheitsrechte des Grundgesetzes und ihre Bin-

---

[52] *Friesenhahn*, Staatsrechtslehrer und Verfassung, in: Recht—Staat—Wirtschaft, Bd. 3, S. 51 (59).

[53] E. R. *Huber*, Rechtsstaat und Sozialstaat, S. 7 f.

[54] E. R. *Huber*, Rechtsstaat und Sozialstaat, S. 22 f.; *Wertenbruch*, Grundgesetz und Menschenwürde, S. 122.

[55] Nach *Gerber*, AöR 81, 43 f., ergreift die Wirkung, welche die Sozialstaatsklausel für die Sinndeutung des Art. 2 I GG entfaltet, in gleicher Weise auch die sonstigen Bestimmungen des Grundgesetzes, also auch die Einzelfreiheitsrechte (so *Scheuner*, DÖV 56, 21 f.).

[56] Konrad *Hesse*, VVDStRL 17, 11 (47); *Häberle*, Die Wesensgehaltsgarantie, S. 39.

[57] So *Strickrodt*, JZ 57, 366 unter Hinweis auf Rudolf *Stammler*, Lehrbuch der Rechtsphilosophie § 56, S. 113.

[58] *Scheuner*, Grundfragen des modernen Staates, in: Recht—Staat—Wirtschaft, Bd. III, S. 138.

[59] *Scheuner*, VVDStRL 11, 20.

[60] Vgl. aber *Hamann*, Rechtsstaat, S. 19.

[61] BVerfGE 1, 14 (32); 2, 380 (403).

[62] BVerfGE 3, 225 (231).

[63] *Ehmke*, VVDStRL 20, 77 f.

[64] *Raiser*, JZ 58, 1 (5 f.).

[65] *Lerche*, Übermaß und Verfassungsrecht, S. 130.

[66] *Häberle*, Die Wesensgehaltsgarantie, S. 12.

dung durch die Anliegen staatlichen Gemeinschaftslebens bedeutet das einmal, daß die Grundrechte Verbürgungen individueller Gestaltung des eigenen Lebens und Schicksals sind, daß ihr Fortbestehen auch durch den Bestand der sie schützenden und sie garantierenden Gemeinschaft bedingt ist[67], und daß andererseits diese Grundrechte Grundlage staatlichen Gemeinschaftslebens[68] sind[69]. Das bedeutet weiterhin, daß Umfang und Grenzen individueller freiheitlicher Gestaltung der Lebensverhältnisse wegen der Einordnung der sie versinnbildlichenden Freiheitsrechte in das Ganze der verfassungsmäßigen Rechtsordnung „bereits vorgezeichnet“[70] sind, so daß ein Gleichgewicht von individueller Freiheit und sozialer Bindung[71] entsteht. Inhalt und Umfang individueller Freiheit werden also von der Sozialstaatsklausel als grundrechtlichem Gemeinschaftsvorbehalt mitbestimmt[72]; dies gilt auch für die nicht mit Vorbehalten versehenen Freiheitsrechte[73].

Freilich liegt dabei nicht die Lösung konkreter Kollisionen und Probleme im Grundgesetz schon in der Form beschlossen, daß es nur noch der subsumierenden Ableitung bedürfte, um ein gültiges allgemeinverbindliches Ergebnis zu erhalten. Die generalklauselartige Formulierung der Grundrechte, ihr Leitsatzcharakter verurteilen derartige Versuche zum Scheitern, die schließlich auch die Grundrechtsinterpretation bloßer dezisionistischer Willkür auch und sogar der vollziehenden Gewalten ausliefern würden[74].

Nichtsdestoweniger schließt die Erkenntnis, daß die Verfassung eine materiale Einheit der in ihr beschlossenen Rechtsgüter bzw. Leitsätze darstellt, eine Auffassung aus, nach der die Verfassung den Kreis ihrer eigenen Beurteilungen und Bemessungen grundsätzlich abgeschlossen

---

[67] Diesen Gedanken hebt insb. die sog. Gemeinschaftsklausel des Bundesverwaltungsgerichts hervor: BVerwGE 1, 42 (52); 1, 92 (94); 2, 85 (87); 2, 255 (300); 3, 21 (24); 4, 95 (96); 4, 167 (171); 5, 153 (159); 6, 1 (17); 7, 125 (139).

[68] Art. 1 II GG: „Das Deutsche Volk bekennt sich darum zu unverletzlichen und unveräußerlichen Menschenrechten als Grundlage jeder menschlichen Gemeinschaft . . .“.

[69] So *Hamel*, Grundrechte, S. 44.

[70] *Häberle*, Die Wesensgehaltsgarantie, S. 35.

[71] E. R. *Huber*, Wirtschaftsverwaltungsrecht, Bd. 1 S. 46; *Hamann*, Rechtsstaat und Wirtschaftslenkung, S. 66; *Krüger*, BB 53, 565 f.

[72] BVerfGE 8, 274 (329).

[73] *Häberle*, Die Wesensgehaltsgarantie, S. 204.

[74] So schließt *Menger*, VerwArch 55 (1964), S. 73, aus dem Charakter der Grundrechtsschranken als „immanenter Schranken“, daß die Erkenntnis, was als zulässige Berufsausübungsregelung i. S. des Art. 12 I 2 GG anzusehen sei, nicht des förmlichen Gesetzes bedürfe, da sie lediglich „Sichtbarmachung schon vorhandener immanenter Schranken“ bedeute; vgl. die Kritik bei *Rupp*, NJW 65, 995 N. 16.

haben soll[75] und daß sie deshalb für gewisse Konflikte keinerlei Maßstäbe mehr zur Verfügung stelle[76]. Der Gedanke der Freiheit des Individuums und seines sozialen Eingebundenseins, auch etwa die Garantie der freien Gewissensentscheidung für den Repräsentanten des Volkes (Art. 38 GG) angesichts seiner Eingliederung in eine Partei (Art. 21 GG), sind Leitpunkte, die den Gesetzgeber bei jeglicher thematisch einschlägiger Problemlösung binden; und der Gesetzgeber darf keinerlei Ordnung setzen, ohne diese Bindung zu beachten. Jeder Konflikt, den er unter Beachtung dieser Verfassungsleitsätze entscheidet, ist auch aus der „Verfassung heraus" gelöst. Das Zueinandergeordnetsein der einzelnen Verfassungsrechtsgüter muß deshalb auch dort, wo diese in einem offenbar polaren, antithetischen Bezuge stehen, wie das etwa bei den Freiheitsrechten und der Sozialstaatsklausel, oder bei den Bestimmungen der Art. 38 GG und 21 GG der Fall ist, immer eine Lösung zulassen, die beiden Rechtsgütern gerecht, also „der Verfassung" gemäß ist.

Im einzelnen mag dabei der Verfassungsgeber manches der Entwicklung anheimgegeben haben[77]. Dennoch sind auch diese Fragen nicht ausgeklammert: es gibt keine rechtliche Gestaltung außerhalb der Verfassung[78], weil sie eine Gestaltung gegen diese sein müßte. Jedoch darf der Gesetzgeber auch dort, wo ihm die Verfassung viel Raum zu freier Gestaltung gelassen hat, die Grenzen nicht verkennen: Er darf die ihm in der Verfassung gesetzten Leitbilder nicht verfehlen. Jeder gesetzgeberische Akt ist Vollzug materiellen Verfassungswillens und Realisierung des Zueinandergeordnetseins grundgesetzlicher Wertbekenntnisse[79]. Der Gedanke der Einheit der Verfassungsordnung ist auch für das Verständnis der Freiheitsrechte im sozialen Rechtsstaat des Grundgesetzes wirksam gemacht worden. Das Leitbild einer frei sich entfaltenden Persönlichkeit, das in Art. 2 I GG und den ihm folgenden Freiheitsrechten lediglich phänotypisch in Gestalt klassisch liberaler Freiheitsrechte zum Ausdruck kommt[80] und das keineswegs einer Rückkehr zu einem indivi-

---

[75] *Lerche*, Übermaß und Verfassungsrecht, S. 130.

[76] a.a.O.

[77] *Lerche*, DÖV 65, 214.

[78] Eike *von Hippel*, Grenzen, S. 40 N. 75 gegen *Lerche*, Übermaß und Verfassungsrecht, S. 130 f.

[79] Nach *Leisner*, DÖV 61, 641 (65), erweist sich insofern die Verfassungsinterpretation als eine Serie von Verschränkungsmöglichkeiten materieller Normenkomplexe.

[80] *Dürig*, JR 52, 261; diese äußerlich rein liberale Konzeption der Freiheitsrechte ist darauf zurückzuführen, daß die Verfasser des Grundgesetzes, um der Ablehnung des totalen Staates Ausdruck zu verleihen, Sprache und Pathos der liberalen Verfassung übernommen haben, weil keine Begriffe und keine Lehre vom Menschen und von der Gesellschaft bereit standen, um das Menschen- und Gesellschaftsbild unserer Zeit bündig auszudrücken (so *Raiser*, JZ 58, 5).

dualistisch-liberalistischen Freiheitsverständnis Ausdruck verleihen will[81], ist mit dem Sozialstaatsgedanken der Art. 20 I, 28 I GG auf der Verfassungsebene zu einem sozialstaatlichen Freiheitsbegriff verbunden[82]. Der sozialstaatliche Akzent im Rechtsstaat hat eine „wesentliche“[83] Veränderung der Auffassung über die Stellung des Einzelnen in der Gesamtheit mit sich gebracht, die aus der Entwicklung geboren ist, dem Zwang der Ereignisse, der Einordnung und Abhängigkeit und dem Verlassensein des heutigen Menschen in der modernen Massengesellschaft. Eine Interpretation der Freiheitsrechte, die, wie die Forsthoffs, an dieser Wirklichkeit vorbeigeht, verdammt die Verfassung zu einer fossilen Antiquität.

Dem Menschenbild des Grundgesetzes[84] liegt daher der unabweisbare Gedanke zugrunde, daß dann, wenn jeder Freiheit haben soll, diese Freiheit notwendig eine beschränkte sein muß[85], weil unbeschränkte Freiheit des einen die unbeschränkte Unfreiheit der anderen zur Folge haben müßte[86].

Der verfassungsrechtliche Standort dieses Freiheitsverständnisses ist die Sozialstaatsklausel der Art. 20 I, 28 I GG[87].

aa) Die negative Funktion der Freiheit — Abwehr gegen Übergriffe staatlicher Gewalt

Die eigentümliche Mischung und Verschränkung des demokratischen, liberalen und sozialen Prinzips[88], die, weil jedenfalls der Grundrechtsteil des Grundgesetzes bürgerlich-liberal konzipiert ist, tatsächlich eine

---

[81] *Wintrich*, Lafort-Festschrift, S. 247; *Bachof*, VVDStRL 12, 38; *Hamel*, Grundrechte, S. 30 f.; *Scheuner*, Festschrift Dt. JT 1960 Bd. II S. 261; *Uber*, Freiheit des Berufs, S. 50 f., 54; *Hubmann*, Nipperdey-Festschrift 1965 Bd. I, S. 53; E. R. *Huber*, Wirtschaftsverwaltungsrecht, Bd. I, S. 200.

[82] *Raiser*, JZ 58, 1 (5 f.): „Die Freiheitsgarantie des Art. 2 I GG und das Prinzip der Sozialstaatlichkeit des Art. 20 I, 28 I GG verhalten sich zueinander nicht wie Regel und beschränkende Ausnahme, sondern wie These und Antithese im dialektischen Prozeß der Verwirklichung unseres Staates; sie lassen sich nicht isolieren, sondern sind einander zugeordnet zu einer spannungsfreien, nicht vorgegebenen, sondern uns allen aufgegebenen Einheit.“

[83] BVerfGE 8, 155 (167); *Häberle*, Die Wesensgehaltsgarantie, S. 178.

[84] „Das Menschenbild des Grundgesetzes ist nicht das eines isolierten souveränen Individuums; das Grundgesetz hat vielmehr die Spannung Individuum—Gemeinschaft im Sinne der Gmeinschaftsbezogenheit der Person entschieden, ohne dabei deren Eigenart anzutasten“ (BVerfGE 4, 7 (15); 7, 377 [403]; 8, 274 [329]).

[85] *Prinz*, Die Begriffe der „verfassungsmäßigen Ordnung“ im Bonner Grundgesetz, S. 42.

[86] Vgl. außer den bereits Genannten: *Peters*, Laun-Festschrift, S. 671; *ders.*, Das Recht auf die freie Entfaltung der Persönlichkeit, S. 48; *Scheuner*, VVDStRL 22, 41; (Maunz)-*Dürig*, Kommentar, Art. 1 Abs. 1 Randn. 46, 47.

[87] Vgl. bei *Wintrich*, Zur Problematik der Grundrechte, S. 20; *Hamel*, Grundrechte, S. 28; *Bachof*, VVDStRL 12, 37 ff.; *Nipperdey*, GR IV/2 S. 773;

Determinierung der liberalen Prinzipien durch die Proklamierung des Sozialstaats zur Folge hat[89], bedeutet eine Abkehr des Grundgesetzes von einem liberalistisch-individualistischen Freiheitsbegriff und die Herstellung einer neuen Ordnung, die auf dem Gleichgewicht von individueller Freiheit und sozialer Bindung[90] beruht und der insofern das Gerechtigkeitsprinzip einer justitia distributiva zugrunde liegt[91]. Im sozialen Rechtsstaat kann die Freiheit des Indviduums nicht mehr als eine „utopische natürliche Freiheit"[92] oder eine „außerhalb des Rechts stehende, gleichsam dem Menschen als natürliche Qualität angeborene Befähigung oder Befugnis"[93], als „prinzipiell unbegrenzte" Freiheit[94] eines autonomen, in sich geschlossenen und jede Einwirkung von außen ablehnenden Individuums[95] verstanden werden[96].

Eine Auffassung, die die Freiheitsrechte als „Reservate"[97] oder „Ausgrenzungen"[98] im Sinne von dem Recht nicht zugänglichen Bereichen[99] versteht, erblickt auch die Funktion des Staates wesentlich darin, daß er diese „natürliche" Freiheit mit den Mitteln obrigkeitlichen Zwanges „einschränkt" und sozusagen in ihrer Substanz vermindert; gerade der sozialgestaltende Staat will und muß aber in der modernen Massengesellschaft, die eben nicht eine Gesellschaft autarker Individuen, son-

---

Scheuner, Festschrift Dt. JT 1960, Bd. II, S. 261; *Gerber*, AöR 81, 28; (Maunz)-*Dürig*, Kommentar, Art. 2 I, Randn. 25; *Häberle*, Die Wesensgehaltsgarantie, S. 5, 47.

[88] *Friesenhahn*, Staatsrechtslehrer und Verfassung, in: Recht—Staat—Wirtschaft, Bd. 3, S. 63.

[89] a.a.O.

[90] *Huber*, Wirtschaftsverwaltungsrecht, Bd. I, S. 46; *Bachof*, VVDStRL 12, 45 N. 22.

[91] *Menger*, Der Begriff des sozialen Rechtsstaates im Bonner Grundgesetz, S. 29 f.; *Hamel*, Grundrechte S. 28.

[92] Konrad *Hesse*, Smend-Festschrift 1962, S. 85.

[93] Kritisch zu einer solchen Vorstellung *Ballerstedt*, Festschrift für Schmidt-Rimpler, S. 392; *Ehmke*, VVDStRL 20, 85.

[94] So Carl *Schmitt*, Grundrechte und Grundpflichten, in: Verfassungsrechtliche Aufsätze, S. 208; *ders.*, Verfassungslehre, S. 158; *Maunz*, StR S. 84; *v. Krauss*, Der Grundsatz der Verhältnismäßigkeit, S. 29.

[95] *Dürig*, JR 52, 259.

[96] Auf eine der Ursachen dieses Freiheitsverständnisses weist *Dürig* (AöR 79, 77) hin; die Gemeinwohlrechtfertigung der physiokratischen Wirtschaftslehre, wonach das Gesamtwohl aus der Summe der Einzelwohle besteht. Ein Freiheitsbegriff, der in der Mehrung dieses Einzelwohls stets zugleich eine Beförderung des Gemeinwohls erblickt, kann seine Schranken nicht schon in sich tragen.

[97] Carl *Schmitt*, Grundrechte und Grundpflichten, in: Verfassungsrechtliche Aufsätze, S. 186; vgl. bei *Planitz*, Grundrechte und Grundpflichten, S. 613; auch die Kritik von *Smend*, Bürger und Bourgeois, in: Staatsrechtliche Abhandlungen, S. 313 f.

[98] *Forsthoff*, VVDStRL 12, 18.

[99] *Forsthoff*, a.a.O.

dern eine Gesellschaft mehr oder minder sozial Abhängiger ist, die Freiheit vielfach erst herstellen und sie rechtlich gestalten, um sie überhaupt existenzfähig zu machen[100]. Das Gesetz ist so gesehen nicht nur Freiheitsbeschränkung und die Grundlage der Freiheitsbeschränkung, sondern auch zugleich Garant der Freiheit.

Die Freiheit ist im verfaßten Gemeinwesen endlich nur dadurch gewährleistet, daß sie als „rechtlich normierte"[101] Freiheit Gesetzesgestalt hat; das Recht ermöglicht die Freiheit überhaupt erst[102]. Deshalb ist auch die liberale Antinomie, wonach zwar die Freiheit eine Verfassungsnorm war[103], die soziale Bindung aber (nur) eine im Bereich der Sozialethik beheimatete Idee[104], durch die Entscheidung des Verfassungsgebers für eine von vornherein verfassungsrechtlich sozialgebundene Freiheit[105] hinfällig geworden[106].

Freilich haben die individuellen Freiheitsrechte durch ihr soziales Determiniertsein nicht ihre „negative" Abwehrfunktion verloren. Sie dienen zwar nicht nur zur Begründung von Individualrechten[107] zur Abwehr staatlicher Übergriffe[108], jedoch ist es zumindest auch[109] ihre Aufgabe, ein gewisses Maß sozialer Unabhängigkeit und individueller Gestaltung des eigenen Daseins zu gewährleisten, das geradezu die elementare Voraussetzung für die Freiheit[110] und zugleich Grundlage jeglicher weiterer Funktion der Freiheit im sozialen Gemeinwesen[111] ist. Denn wenngleich bei einer Betrachtung der „positiven" sozialen und der „negativen" Abwehrfunktion der Freiheitsrechte ein Denken in Alter-

---

[100] Vgl. Konrad *Hesse*, Smend-Festschrift 1962, S. 87 N. 49.

[101] Konrad *Hesse*, Smend-Festschrift, 1962, S. 87, N. 49.

[102] *Fechner*, Freiheit und Zwang im sozialen Rechtsstaat, S. 13.

[103] *Dürig*, AöR 79, 77 N. 66.

[104] *Dürig*, JZ 53, 197.

[105] *Dürig*, JZ 53, 197; *ders.*, Nawiasky-Festschrift, S. 167.

[106] Vgl. auch *Scheuner*, VVDStRL 22, 41, der im Anschluß an Hans *Huber*, Die Garantie der individuellen Verfassungsrechte, S. 119a, in einem Verständnis einer „an sich unbegrenzten Freiheit" den Versuch erblickt, die allgemeine naturrechtliche Freiheit in das positive Recht zu überführen. Freiheit sei aber nur möglich im Recht und in der Bindung; er verweist dabei auf *Jaspers*, Philosophie, Bd. 2, S. 193 f., der über das „Phantom der absoluten Freiheit" sagt: „Der Gedanke einer absoluten Freiheit geht auf ein Sein, das die Einschränkung jeder Freiheit aufhebt, ohne die Freiheit selbst aufzuheben. Jede Freiheit, die Freiheit eines Einzelnen ist, muß aber im Gegensatze stehen, sich im Prozeß und Kampf entfalten und darum immer beschränkt sein".

[107] Erich *Kaufmann*, Grundrechte und Wohlfahrtsstaat, in: Gesammelte Schriften, Bd. I S. 589 (591).

[108] *Hamel*, Grundrechte, S. 15; *Häberle*, Die Wesensgehaltsgarantie, S. 18 f.

[109] *Hamann*, Wirtschaftsverfassungsrecht, S. 77.

[110] *Ehmke*, Grenzen der Verfassungsänderung, S. 103.

[111] a.a.O.

nativen oder Primaten die Gleichrangigkeit beider verkennen würde[112], so gehört doch trotz der Tatsache, daß die Gesellschaft angesichts der Einbeziehung sowohl der Freiheitsrechte als auch der Sozialstaatsklausel in die Ewigkeitsentscheidung des Art. 79 III GG nicht in voller Autonomie gegenüber der politischen Ordnung belassen ist[113], die Nicht-Identität von Regierenden und Regierten in gewissem Umfange zur Struktur unseres politischen Gemeinwesens[114]. Für die legitime Machtausübung in der freiheitlichen Demokratie gewinnen damit die Freiheitsrechte die Bedeutung von Minderheitenschutzrechten[115]; aber es ist auch angesichts der Möglichkeit nicht legitimer Ergreifung und Ausübung von Staatsgewalt[116] eine „lebensgefährliche Sache"[117], jenen Dualismus von Staat und Gesellschaft völlig zu ignorieren, der zugleich eine Barriere gegen ein unbeschränktes Hineinregieren des Staates in die Privatsphäre und einen Schutz der Sozialsphäre gegenüber unangemessener Eigenmächtigkeiten des Einzelnen darstellt.

Die Freiheitsrechte des Grundgesetzes haben deshalb ihre negative Funktion gegenüber Eingriffen des Staates nicht eingebüßt[118]. Konrad *Hesse*[119] ist darin zuzustimmen, daß das Bild einer von vornherein sozialgebundenen und begrenzten Freiheit, wie es oben gezeichnet wurde, dem liberalistisch-individualistischen Freiheitsbild nicht völlig entsagt. Freiheit und Bindung müssen als polare Bezugspunkte gesetzt werden, um das Wesen der Freiheitsrechte als individueller subjektiver Rechte, als Gegenkompetenz gegen rechtswidrige staatliche Gewaltausübung von der Seite des subjektiven Rechts her zu verstehen[120].

---

112 *Häberle*, Die Wesensgehaltsgarantie, S. 20.

113 *Abendroth*, VVDStRL 12, 89.

114 *Ehmke*, Smend-Festschrift, 1962, S. 49.

115 *Krüger*, Staatslehre, S. 536.

116 Vgl. *Salomon*, Der soziale Rechtsstaat als Verfassungsauftrag des Grundgesetzes, S. 7 ff.

117 *Ehmke*, Smend-Festschrift 1962, S. 25.

118 *v. Krauss*, Der Grundsatz der Verhältnismäßigkeit, S. 35.

119 Smend-Festschrift 1962, S. 88 N. 51.

120 Nicht zuletzt aus diesem Grund wird hier auf eine institutionelle Betrachtung der Freiheitsrechte verzichtet. Es wäre dazu vor allem auf *Häberle*, Die Wesensgehaltsgarantie des Art. 19 II GG, hinzuweisen, der von der institutionellen Seite, der Freiheitsrechte her eine differenzierte Darstellung der Freiheit im Sozialgefüge gibt. Daß für das hier interessierende Schrankenverständnis der Freiheitsrechte, wie noch zu zeigen sein wird, auch eine Betrachtung von der subjektiv-rechtlichen Seite her nicht zu wesentlich davon unterschiedlichen Ergebnissen führt, kann nicht verwundern, denn jener Bestand an „Verfügungen (*Bachof*, GR III/1 S. 165), der die Grundrechte zu einer öffentlichen Einrichtung (*Smend*, Das Recht der freien Meinungsäußerung, in: Staatsrechtliche Abhandlungen, S. 95) und zum Bestandteil einer rechtlichen Ordnung macht (*Scheuner*, DÖV 56, 66), und in dem das institutionelle Verhältnis von Staat und Gesellschaft zum Ausdruck kommt (*Kaufmann*, VVDStRL 4, 77), ist nur der bereits vorgezeichnete (*Kaufmann*, Die

bb) Die positive Funktion der Freiheitsrechte — Teilhabe an der Gestaltung des Gemeinwesens

Das Wesen des individuellen subjektiven Rechts auf die freie Entfaltung der Persönlichkeit ist im sozialen Rechtsstaat des Grundgesetzes mit dem Hinweis auf seine negative Abwehrfunktion nur unzureichend gekennzeichnet. Es war bereits ausgeführt, daß der soziale Gedanke von dem Kampf der industriellen Gesellschaft *um* den Staat[121] gekennzeichnet ist, und daß die soziale Freiheit deshalb zugleich ein aktives und positives[122] Moment der Hinwendung *zum* Staat[123] und der Mitwirkung und demokratischen Teilhabe[124] *am* Staat[125] in sich trägt. Die Freiheit gewinnt damit ein „aktivbürgerliches Moment"[126], sie läßt den Bürger, nicht „Nutznießer eines Apparates"[127] sein, sondern ihn aktiv am politischen Geschehen im Staate mitwirken[128], zur Bildung politischen Willens[129] und zur Gestaltung der Gemeinschaft[130]. Mit der Einbeziehung des sozialen Gedankens gewinnt die Freiheit eine soziale Funktion, die dem Staatsbürgerstatus zugleich einen genossenschaftlichen Akzent ver-

---

Gleichheit vor dem Gesetz, in: Gesammelte Schriften, Bd. 3 S. 258) Rahmen (*Kaufmann*, Grundrechte und Wohlfahrtsstaat, in: Gesammelte Schriften, Bd. 1 S. 591), der von den Individuen erhalten und ausgefüllt werden muß, während andererseits die Institution die objektive Maßgebung für den möglichen Umfang der individuellen Verhaltensnorm darstellt (so *Nawiasky*, VVDStRL 4, 91). Hier identifizieren sich das objektivrechtliche und das subjektive Moment der Grundrechte (*Kaufmann*, Grundrechte und Wohlfahrtsstaat, a.a.O., S. 591).

121 E. R. *Huber*, Rechtsstaat und Sozialstaat, S. 21.

122 *Planitz*, Grundrechte und Grundpflichten, S. 622.

123 *Häberle*, Die Wesensgehaltsgarantie, S. 18.

124 *Fechner*, Freiheit und Zwang im sozialen Rechtsstaat, S. 23; *Abendroth*, VVDStRL 12, 87; *ders.*, Bergstraesser-Festschrift S. 292.

125 *Raiser*, „liberal" Jahrgang 1965 S. 40 (42), weist daraufhin, daß Teilhaben am Staat gerade nicht als Anspruch auf ein möglichst großes Maß an staatlichen Leistungen zur eigenen Wohlfahrt — bei gleichzeitig größtmöglicher bindungsloser Freiheit — verstanden werden darf, sondern als mitverantwortliche Gestaltung des Gemeinwesens.

126 *Häberle*, Die Wesensgehaltsgarantie, S. 18.

127 *Raiser*, „liberal" Jg. 1965 S. 43.

128 *Scheuner*, Festschrift Dt. JT 1960 II S. 249; *Forsthoff* (Haben wir zuviel oder zuwenig Staat, in: Verfassungsrechtliche Abhandlungen, S. 66: „Staatsgesinnung als Grundlage der Gehorsamsbereitschaft erwächst nicht aus der Freiheit" und „Die Freiheit isoliert den Menschen — sie distanziert ihn vom Staat. Sie konstituiert nichts an überindividueller Ordnung. Sie bringt keine Staatsgesinnung hervor") ist zuzugeben, daß es für das Freiheitsverständnis des sozialen Rechtsstaats einer Staatsgesinnung bedarf, die über den bloßen Untertanengehorsam hinausgeht — der freilich seinerseits auch keine Freiheit voraussetzt.

129 *Wintrich*, Apelt-Festschrift S. 3.

130 *Hamel*, Grundrechte, S. 29: „Insbesondere aber determiniert Art. 2 Abs. 1 GG diese soziale Bedeutung der Freiheit, die jedem Menschen eine Verantwortung für das menschenwürdige Dasein der anderen auferlegt".

leiht[131]. Insbesondere für das Grundrecht der freien Meinungsäußerung — Art. 5 I GG[132], aber auch für die Grundrechte überhaupt[133], und auch für das Grundrecht des Art. 2 I GG ergibt sich dadurch über ihre bloß negative Individualschutzfunktion hinaus eine verbindende Beziehung zum Staat[134], die die Grundrechte als „persönliches politisches Berufsrecht“ des Bürgers[135] und als konstitutive Bestandteile der verfassungsmäßigen Ordnung[136] erscheinen läßt. Auf die sich hier offenbarende vielseitige Umwandlung im Bereich der neueren Verfassungsgeschichte und der Geschichte des Staatsverständnisses schlechthin kann im Rahmen dieser Arbeit nur hingewiesen und Bezug genommen werden.

II. Die Sozialbindung der Freiheitsrechte — ihre Bedeutung für das Verständnis der Grundrechtsschranken

1. Die Grundrechtsschranken — dem Grundrecht immanente Schranken

Die Abkehr des Grundgesetzes von der Vorstellung einer an sich unbegrenzten Freiheit und das in der Sozialstaatsproklamation der Art. 20, 28 GG enthaltene Bekenntnis zu einer von vornherein[137] schon auf Verfassungsebene begrenzt zu denkenden Freiheit konfrontiert alsbald mit der Frage nach dem Charakter der Grundrechtsschranken[138]. Die Anhebung der Bindung der Freiheit von einer bloß im rechtlich nicht unmittelbar interessierenden Bereich der Sozialethik beheimateten Verpflichtung[139] zu einer verfassungsrechtsunmittelbaren immanenten Frei-

---

[131] Vgl dazu *Fechner*, Freiheit und Zwang im sozialen Rechtsstaat, S. 7 f. N. 13; *Menger*, Der Begriff des sozialen Rechtsstaats im Bonner Grundgesetz, S. 26; *Abendroth*, Bergstraesser-Festschrift, S. 296.

[132] *Noltenius*, Die freiwillige Selbstkontrolle der Filmwirtschaft, S. 92 f.; *Scheuner*, DÖV 56, 66.

[133] *Häberle*, Die Wesensgehaltsgarantie, S. 18.

[134] *Smend*, Bürger und Bourgeois, in: Staatsrechtliche Abhandlungen, S. 318.

[135] *Smend*, a.a.O., S. 318 f.

[136] BVerfGE 7, 198; *Ehmke*, Grenzen der Verfassungsänderung, S. 112; *Noltenius*, Die freiwillige Selbstkontrolle der Filmwirtschaft, S. 93.

[137] Dieses "von vornherein" bringt zum Ausdruck, daß die Grundrechte nur soweit reichen, daß sie gleich- und höherwertige Rechtsgüter nicht verletzen oder gefährden (*Häberle*, Die Wesensgehaltsgarantie, S. 56 f.; vgl. auch Eike *von Hippel*, Grenzen, S. 16).

[138] Dabei besteht kein grundsätzlicher Unterschied bei der Betrachtung der einzelnen Freiheitsrechte, denn es kann nach der Freiheitsvorstellung des Grundgesetzes in keinem Lebensbereich des sozialen Rechtsstaates grenzenlose Freiheit geben — *Fechner*, Die soziologische Grenze der Grundrechte, S. 3 f.

[139] *Dürig*, AöR 79, 77 N. 66; *ders.*, JZ 53, 197.

heitsrechtsbindung[140] läßt die Freiheit der Grundrechte von vornherein als eine nur rechtliche und deshalb begrenzte erscheinen[141]. Die Werte der individuellen Freiheit und der sie tragenden und schützenden, zugleich aber von ihr geformten staatlichen Gemeinschaft sind in Relation gesetzt. Das Eingelagertsein der Grundrechte in das Gleichgewichtssystem[142] der allgemeinen Rechtsordnung besagt, daß es bei der Grenzziehung um nichts anderes geht als den Geltungsbereich der Grundrechtsnorm[143]. Die Behauptung, die Grundrechte würden bei einer solchen Einordnung in den Bestand der Verfassungsrechtsgüter relativiert[144], trifft zumindest dann — und zwar in bedenklichem Maße — zu, wenn zur Relativierung „gleichrangige" oder „vorrangige" Rechtsgüter benutzt werden, deren Rang im Wege eines subjektiven Dezisionismus bestimmt wird.

Eine unzulässige Relativierung ist hingegen nicht gegeben[145], wenn die einzelnen Verfassungsrechtsgüter einander leitsatzgerecht zugeordnet werden und nach der verfassungsgeschichtlichen Entwicklung und den Erfordernissen staatlichen Zusammenlebens unterschiedliches Gewicht gewinnen[146].

---

[140] *Scheuner*, DÖV 56, 69; *ders.*, Recht—Staat—Wirtschaft Bd. 4 S. 99; *ders.*, VVDStRL 11, 22; *Wintrich*, Lafort-Festschrift, S. 236; *ders.*, Zur Problematik der Grundrechte, D. 31; *Geiger*, Staatslexikon, „Grundrechte" Ziff. 4, 5; *Ehmke*, VVDStRL 20, 85, 89; *ders.*, Wirtschaft und Verfassung, S. 5, 30, 34; *Bachof*, GR III/1 S. 207; *ders.*, VVDStRL 12, 45; *Maunz*, StR S. 100.

[141] Das folgt an sich schon aus dem Wesen des Rechts (*Ballerstedt*, GR III/1 S. 70); aber auch das Verständnis der Freiheitsrechte als naturrechtlicher überpositiver Sätze fordert eine unbegrenzte Freiheit nicht (Konrad *Hesse*, Smend-Festschrift 1962, S. 87 N. 48; Eike *v. Hippel*, Grenzen, S. 27 N. 23). Denn die Pflichtigkeit der Freiheit gehört zur Freiheit, und sie kann kein anderes rechtliches Schicksal erfahren als diese. Sieht man die Freiheit als vorstaatliches Menschenrecht, dann ist auch die Freiheitsbindung auf dieser Ebene beheimatet — als vorstaatliche Menschenpflicht (*Dürig*, AöR 79, 78; vgl. auch *Scheuner*, VVDStRL 22, 41).

[142] *Häberle*, Die Wesensgehaltsgarantie, S. 40.

[143] Eike *von Hippel*, Grenzen, S. 14 N. 7, S. 19; auch der Begriff der „immanenten Schranken" kennzeichnet nichts anderes als diese Grenze des Grundrechts, an der es mit anderen Gütern, denen es seiner Einordnung in das Ganze der Rechtsordnung wegen zugeordnet ist, kollidiert. Die immanenten Grundrechtsschranken kennzeichnen also — durchaus im Sinne *Hippels* — den Geltungsbereich der Grundrechtsnorm.

[144] Carl *Schmitt*, Verfassungslehre, S. 167.

[145] Vgl. hierzu *Scheuner*, VVDStRL 22, 54.

[146] Hier erweist sich die strukturelle Offenheit des Verfassungsrechts (*Ehmke*, VVDStRL 20, 62), das die Einführung neuer Prämissen zulassen muß (*Jesch*, Gesetz und Verwaltung, S. 65), um den Wandel der Zeiten zu überdauern. Die Auslegung hat sich ebenso auf das „politisch Neue" wie auf das im Gesetz „versteinerte Alte" (Peter *Schneider*, VVDStRL 20, 17) zu richten, und hierauf beruht der notwendige Methodensynkretismus (vgl. dazu *Schwinge*, Der Methodenstreit in der heutigen Rechtswissenschaft, S. 28), der auf eine vollaxiomatisierte geschlossene Methode der Erkenntnis verzichten

Der Umfang des Grundrechts, sein Gewicht im Ganzen der Rechtsordnung und damit seine Grenzen, sind nicht unveränderlich, sondern fließend und relativiert[147]. Der Konflikt der Verfassungsrechtsgüter ist variabel, die Relationen zwischen ihnen verschieben sich vor allem in Notzeiten[148], so daß die Freiheit des Einzelnen mit dem wechselnden Schicksal der Gemeinschaft selbst sich wandelt[149]. Freilich schlagen sich Veränderungen in der Bewertung der Rechtsgüterrelationen nur dann nieder, wenn sie die erforderliche rechtliche Relevanz erreichen, und es ist eben das Problem, hier das statische und das dynamische Element in das rechte Verhältnis zu bringen. Der allmähliche Abbau der Wohnungszwangswirtschaft durch die neuere Gesetzgebung spiegelt hier deutlich die verfassungsrechtliche Relevanz einer Entwicklung von nur 20 Jahren wieder.

Der Vorwurf der Relativierung der Grundrechte wird jedoch vielfach auch in einem anderen Sinne erhoben, nämlich dem des „Leerlaufens" der Grundrechte unter einer ungebundenen und willkürlichen Gesetzgebung[150].

Auch die Lehre von den „immanenten" Schranken der Grundrechte vergrößert die Gefahr unkontrollierbarer Eingriffe in die Grundrechte, weil sie die gesetzliche Gestaltung der Freiheit grundsätzlich auch im Themabereich derjenigen Freiheitsrechte zuläßt, die nicht mit Grundrechtsschrankenvorbehalten versehen sind[151] und weil sie — davon wird noch abzuhandeln sein — Gefahr läuft, die Gestaltungskompetenz zu verkennen. Die Frage nach dem Vorhandensein immanenter Grundrechtsschranken wird vor allem bei der Untersuchung der Freiheitsrechte ohne ausdrückliche Grundrechtsschrankenvorbehalte aufgeworfen[152]; deshalb tritt das Problem des Charakters der vorhandenen geschriebenen Grundrechtsschrankenvorbehalten leicht in den Hinter-

---

(*Viehweg*, Topik und Jurisprudenz, S. 53 ff.) und mit ad hoc errichteten teilaxiomatisierten Systemen (*Jesch*, Gesetz und Verwaltung, S. 65) Lösungen finden muß; eine Tatsache, die *Esser* (Grundsatz und Norm in der richterlichen Rechtsfortbildung des Privatrechts, S. 7) als Wettkampf zwischen „offenem" problematischen und „geschlossenem", begrifflich-deduktivem Denken charakterisiert, und dem ein „notwendiger und schubweiser Stoffwechsel zwischen den Neuerfahrungen der Fallpraxis und den Formkräften der Schule" zugrundeliegt (a.a.O.).

147 *Dürig*, AöR 79, 85.

148 *Jerusalem*, SJZ 50, Sp. 5 f.; *Häberle*, Die Wesensgehaltsgarantie, S. 55, 57.

149 *Prinz*, Die Begriffe der „verfassungsmäßigen Ordnung" im Bonner Grundgesetz, S. 44.

150 BVerfGE 7, 377 (411); BGH DÖV 55, 730.

151 Vgl. dagegen *Wintrich*, Apelt-Festschrift, S. 5: „Grundrechte ohne Gesetzesvorbehalt können (auch vom Gesetzgeber) nicht beschränkt werden."

152 Vgl. bei *Kimminich*, JZ 65, 743.

grund und es entsteht der Anschein, „immanent“ sei identisch mit „ungeschrieben“[153]. Alle zulässigen Grundrechtsschranken wohnen aber den Freiheitsrechten wegen ihrer Gesellschaftslage „inne“, sind ihnen immanent und es stellt sich *nur* die Frage, wie und durch wen diese zulässigen Schranken zu bestimmen sind. *Häberle*[154] wendet sich zu Recht gegen den Vorwurf, durch die Immanenzlehre würden die Grundrechte der Willkür ausgeliefert und liefen leer[155]. Denn gerade die Lehre von den immanenten Grundrechtsschranken beruht auf einem wertenden Verständnis der Grundrechte, und die Konkretisierung der immanenten Grundrechtsschranken durch den Gesetzgeber findet schon in Hinblick auf Art. 1 III GG und Art. 79 III GG völlig folgerichtig in dem Erfordernis der Güterabwägung[156] eine Richtlinie und Bindung[157]. Die Lehre von den immanenten Schranken hat also keineswegs notwendig zur Folge, daß die verfassungsgebundenen Gewalten selbst über Dasein und Ausmaß dieser Bindung befinden dürften[158]; vielmehr gewährleistet die Beachtung des Güterabwägungsgrundsatzes und des Verhältnismäßigkeitsprinzips bei der Ermittlung der immanenten Grundrechtsschranken, daß die Freiheit nicht nach Maßgabe der Gesetze gewährleistet ist, sondern daß die gesetzliche Freiheit nach Maßgabe der Grundrechte gestaltet wird.

2. Die Bedeutung der geschriebenen Grundrechtsschranken

a) Die Grundrechtsschrankenvorbehalte als Kompetenznormen für gesetzgeberische „Eingriffe“ nach dem herkömmlichen Eingriffs- und Schrankendenken

Die Annahme eines generellen und originären Begrenztseins aller, auch der Freiheitsrechte ohne geschriebene Vorbehaltsschranken, wirft sogleich die Frage nach der Bedeutung der geschriebenen Grundrechtsschrankenvorbehalte auf. Dem klassischen bürgerlich-liberalen Frei-

---

[153] Darauf weist insb. *Häberle*, die Wesensgehaltsgarantie, S. 8 hin.

[154] Die Wesensgehaltsgarantie, S. 39 f.

[155] So vor allem *Krüger*, NJW 55, 201 f., 204.

[156] Zur Güterabwägung vgl. unten unter III.

[157] Carl *Schmitt*, Verfassungslehre, S. 167, hat mit seiner Forderung nach einem Maßstab, staatliche Eingriffe, Gesetze wie Verwaltungsakte zu begrenzen, sie meßbar und dadurch kontrollierbar zu machen, keinen Weg gewiesen, der eine Güterabwägung hätte ersetzen können (*Jerusalem*, SJZ 50, Sp. 4).

[158] So die Behauptung *Krügers*, NJW 55, 201; der dann freilich selbst (a.a.O., S. 204) mit seiner „Existenzklausel“ einen allgemeinen Vorbehalt schafft, der der Ausfüllung ebenso bedürftig ist wie der der Immanenz (vgl. bei Eike *von Hippel*, Grenzen, S. 25 N. 13).

heitsverständnis, das die Freiheit als an sich unbegrenzte Sphäre privater Gestaltungsbefugnis, gesetzt gegen eine staatliche Rechtsordnung, verstand, mußte jede Gesetzgebung auf Grund der Grundrechtsschrankenvorbehalte als ein „Eingriff“[159] in den „eigentlichen Inhalt des Grundrechts selbst“[160], als eine „nachträgliche Einschränkung“[161] der Freiheit erscheinen, welche die Schranken mit konstitutiver Wirkung „weiter in den Freiheitsbereich hineinverlagert“[162], als sie von der Verfassung unmittelbar gezogen sind.

Die besonderen geschriebenen Gesetzesvorbehalte erscheinen bei einer solchen Betrachtung als Eingriffsermächtigungen[163] oder „Kompetenznormen“[164] einseitig gerichtet auf die „Einschränkung“ und Verkürzung vorgegebener Freiheitssphären des Einzelnen.

b) Die Grundrechtsschranken — lediglich Maßgaberahmen für die gesetzgeberische Konkretisierung der Freiheit nach der Immanenzklausel

aa) Zum Wesen gesetzgeberischer Betätigung im Grundrechtsbereich

Die Feststellung, daß jedes Freiheitsrecht von vornherein durch seine Gemeinschaftsbezogenheit „inhaltlich irgendwie beschränkt“[165], also in seinem Umfange durch verfassungsimmanente Schranken auf einen bestimmten Geltungsbereich festgelegt wird[166], kann für das Verständnis des Charakters gesetzgeberischer Betätigung im Grundrechtsbereich und die Bedeutung der geschriebenen Grundrechtsschranken nicht ohne Bedeutung sein.

Das Verständnis der Freiheitsrechte, aber auch der Sozialstaatsklausel[167] als grundlegender Wertfestlegung, als bloßer Grundsatznor-

---

[159] So *Krüger*, NJW 55, 201; *ders.*, BB 53, 565; *ders.*, DÖV 55, 599; *Scholtissek*, NJW 52, 561/562; *Dürig*, AöR 79, 59; *Scheuner*, DÖV 56, 69.

[160] *Maunz*, StR S. 100.

[161] *Jerusalem*, SJZ 50, Sp. 4.

[162] Vgl. dazu *Bachof*, GR III/1 S. 208.

[163] *Bachof*, GR III/1 S. 208; — auch *Uber*, (Freiheit des Berufs, S. 57) bezeichnet die Vorbehalte als Ermächtigungen, jedoch nicht als „Eingriffs- sondern als „Ausgestaltungsermächtigungen“.

[164] *Huber*, DÖV 56, 135 f.

[165] *Gerber*, AöR 81, 26 f.

[166] Eike *v. Hippel*, Grenzen, S. 16.

[167] *Scheuner*, VVDStRL 11, 21; *Gerber*, AöR 81, 29.

men bzw. Richt- oder Leitsätze[168] von generalklauselartigem Charakter macht sie wie alle Rechtsgüter der Verfassung der Konkretisierung und Ausgestaltung durch den Gesetzgeber bedürftig[169] und das ausführende Gesetz zum Mittler zwischen der Verfassung und den vollziehenden Gewalten[170]. Die Notwendigkeit gesetzgeberischer Ausgestaltung und Konkretisierung der Grundrechte besteht freilich nicht im Hinblick auf deren Fähigkeit zu unmittelbarer rechtlicher Bindungsfähigkeit[171], denn sie besitzen als „Leitsätze" unmittelbare und auch rechtliche Bindungswirkung. Die gegenseitige Zuordnung der Verfassungsrechtsgüter und die Bindung des Gesetzgebers an jedes von ihnen, nämlich an die *gesamte* Güterordnung der Verfassung, so wie sie der Gesetzgeber in Gestalt der Grundrechtsnormen vorfindet, macht jede Gesetzgebung zugleich zur Grenzziehung und zum Vollzugsakt vorgegebenen Begrenztseins dieser Güter. Betrachtet man dergestalt jedes Begrenztsein der Freiheitsrechte als Folge ihres Eingeordnetseins in das Ganze der Verfassung und grundrechtsimmanent, dann handelt es sich bei der gesetzgeberischen Betätigung im Grundrechtsbereich um leitsatzgerechte konstitutiv wirkende Einschränkungen der Freiheitsrechte[172] und zugleich um ein Sichtbarmachen[173] und Ausgestalten[174] einer vorgegebenen Freiheitsbindung[175]. Gesetzgebung ist also ein Akt interpretativer Erkenntnis des Gesetzgebers[176], also Verfassungsvollzug *und* konstitutive Rechtserzeugung. Für ein Verständnis der Grundrechtsschranken als immanente Schranken stellt sich deshalb jede Gesetzgebung auch als Inter-

---

[168] Vgl. dazu oben 2. Kap. III.

[169] *Van der Ven*, Grundrechte und Geschichtlichkeit, S. 18, 27; *Roemer*, Festschrift Dt. JT 1960 Bd. I S. 552; *Evers*, AöR 90, 95; *Wintrich*, Zur Problematik der Grundrechte, S. 15; *Pestalozza*, Staat 1963 S. 425/427 f.

[170] *Forsthoff*, VVDStRL 12, 17.

[171] So aber *v. Mangoldt*, Kommentar, Art. 4 Anm. 4, der in dem Grundrecht des Art. 4 III GG (Kriegsdienstverweigerung) wegen des Satzes: „Das nähere regelt ein Bundesgesetz" nur einen Grundsatz ohne rechtliche Wirkung sehen wollte.

[172] *Uber*, Freiheit des Berufs, S. 55.

[173] *Bachof*, GR III/1 S. 207 f.; der freilich neben diesen immanenten Schranken und ihrer Verdeutlichung durch den Gesetzgeber noch die sog. Einschränkungsvorbehalte (Art. 2 II 3; 8 II; 10 S. 2; 11 II; 13 III; 14 III; 15) kennt.

[174] *Uber*, Freiheit des Berufs, S. 55.

[175] Vgl. *Smend*, Das Recht der freien Meinungsäußerung in: Verfassungsrechtliche Abhandlungen, S. 97: „die Werte der Gesellschaft, die öffentliche Ordnung und Sicherheit, die konkurrierenden Rechte und Freiheiten der Anderen — Sittlichkeit, öffentliche Ordnung, Staatssicherheit —, an ihnen haben die Grundrechte ihre Schranke, deren Ziehung im einzelnen die Aufgabe ausführender Gesetze ist."

[176] *Maunz*, StR S. 100, der wie auch *Bachof*, a.a.O., zwischen konstitutiv freiheitsbeschränkender und nur deklaratorischer Verdeutlichung immanenter Schranken unterscheidet, sieht in der Schranke der „verfassungsmäßigen Ordnung" des Art. 2 I GG einen Verfassungsvorbehalt zur Interpretation immanenter Grundrechtsschranken.

pretation[177] und Vollzug der Verfassung dar, soweit sie sich im Einklang mit der Verfassung hält[178] oder sich von ihr als gefordert versteht. Das ist die Folge des Bekenntnisses des Grundgesetzes zu einem materiellen Verfassungsbegriff und der unmitteilbaren Bindung des Gesetzgebers an die Wertordnung der Verfassung (Art. 1 III, 79 III, 19 II GG) unter Einbeziehung auch der Sozialstaatsklausel[179]. Die leitbildgerechte Ausgestaltung und Konkretisierung des Grundrechts bestimmt zugleich Inhalt und Umfang der Grundrechtsnorm[180], die gesetzgeberische Betätigung im Grundrechtsbereich ist daher auch „rechtsschöpferische" Tätigkeit „mehr im Sinne einer Sinngebung als Sinndeutung[181]; sie läßt die Freiheitsrechte optimale Bedeutung für die grundrechtsabhängige Rechtsordnung gewinnen[182] und macht den Freiheitsrechtsleitsatz seinerseits erst lebensfähig[183]. Für die gesetzlich gestalteten Materien tritt das gestaltende Gesetz an die Stelle des Grundrechts. Das ist die Konsequenz der Ausführungsfunktion des einfachen Gesetzes, das die Verfassung weder „verletzt" noch sie „ablöst"[184]; hier ist der Durchgriff und die Berufung auf das Grundrecht selbst und unmittelbar grundsätzlich ausgeschlossen und nur mit der Behauptung zulässig, das ausgestaltende Gesetz verstoße gegen die Grundrechtsnorm, stelle also eine Ausgestaltung derselben gar nicht mehr dar.

Die grundrechtsgestaltende Tätigkeit des einfachen Gesetzgebers und die Authentizität der gesetzgeberischen Grundrechtsinterpretation bedeuten aber nicht, daß Freiheit vom Grundgesetz nur „nach Maßgabe der Gesetze" gewährt werde. Daß das mit der unmittelbaren Grundrechtsbindung auch des Gesetzgebers (Art. 1 III GG) nicht vereinbar wäre und ein „Leerlaufen" der Grundrechte unter der Gesetzgebung zur Folge haben müßte[185], hat das Bundesverfassungsgericht im Apothekenurteil[186] sehr deutlich für die Berufsausübungsregelungen des Art. 12 I 2 GG hervorgehoben. Es ist hier der Auffassung entgegengetreten, daß

[177] *Ehmke*, VVDStRL 20, 68 f.

[178] *Häberle*, die Wesensgehaltsgarantie, S. 182: „Jede Gesetzgebung, die ein Grundrecht nicht leitbildgerecht ausgestaltet, verstößt gegen dieses Verbot" (das Grundrecht zu verletzen).

[179] *Häberle*, Die Wesensgehaltsgarantie, S. 57: „Die immanenten Grenzen sind ‚Konsequenz' des Grundrechtsbegriffs."

[180] Zur „Wechselwirkung" von Obersatz und Untersatz, die somit das Verhältnis von der Grundrechtsnorm zum ausgestaltenden konkretisierenden Gesetz bestimmt, vgl. *v. Pestalozza*, Staat 1963 S. 425/427 f. mit umfangreichen Nachweisen in N. 11.

[181] Hans *Huber*, Die Verfassungsbeschwerde, S. 18; ihm folgend *Häberle*, Die Wesensgehaltsgarantie, S. 182, 187.

[182] *Häberle*, Die Wesensgehaltsgarantie, S. 50.

[183] Georg *Jellinek*, Die Erklärung der Menschen- und Bürgerrechte, S. 4.

[184] Vgl. bei *Häberle*, Die Wesensgehaltsgarantie, S. 201 f.

[185] Vgl. dazu im einzelnen oben Einleitung I, III. Kap. I.

[186] BVerfGE 7, 377 (403).

der Gesetzgeber den Inhalt des Grundrechts konstitutiv bestimmen dürfe, weil sein Gehalt dann dem einfachen Gesetz überantwortet würde, das doch seinerseits an das Grundrecht gebunden sei (Art. 1 III GG).

bb) Die Grundrechtsschrankenvorbehalte — Maßgaberahmen für die Gesetzgebung

α) Die grundrechtsimmanenten Schranken

Die Tatsache, daß den Grundrechten Schranken innewohnen, ihnen also immanent sind, ist eine Folge des Eingelagertseins des individuellen Freiheitsrechts in die staatliche Gemeinschaft und sie findet positiv ihren Ausdruck in der Sozialstaatsproklamation der Art. 20 I, 28 I GG. Das ist insofern bedeutsam, als damit ein jedes Grundrecht dieser Gemeinschaftslage und vorgegebenen Begrenztheit unterliegt, denn die Sozialbindung der Art. 20, 28 GG ergreift auch die Grundrechte ohne geschriebene Vorbehaltsschranken in gleicher Weise wie die mit Schranken versehenen Freiheitsrechte.

Jegliche Begrenzung der Freiheit, seien es in Art. 2 I GG die „verfassungsmäßige Ordnung", die „Rechte anderer" oder das „Sittengesetz" oder auch die Schranken der Einzelfreiheitsrechte, sind lediglich Folge der Gemeinschaftslage des Individualrechts, und nur die Notwendigkeit der Erhaltung der Gemeinschaft, die die Freiheit des Einzelnen ihrerseits erst ermöglicht, rechtfertigt die Begrenzung der Freiheit des Einzelnen[187]. Alle Grundrechtsschranken sind deshalb den Grundrechten immanent; die geschriebenen Grundrechtsvorbehalte sind nur als geschriebene immanente Schranken zu verstehen. Eine solche Sicht der Grundrechtsschranken wird sich den Vorwurf unhistorischer Betrachtungsweise nur von einem rein bürgerlich-liberalen Standpunkte her gefallen lassen müssen. Bereits *Dernburg*[188] weist darauf hin, daß im Gegensatz zum römischen Recht, das im Eigentum die Totalherrschaft des Einzelnen erblickte, die deutschrechtliche Anschauung als Eigentümer denjenigen anerkannte, der gegenwärtig das ausgedehnteste Recht zur Nutzung oder zur Verfügung hatte. Hieraus ergibt sich zwanglos die Vorstellung von einer „Begrenzung"[189] des Eigentums als „eine dem Eigentum innewohnende Schranke"[190], die der Gesetzgeber nur „näher feststellen" kann, wobei er dem Eigentümer nichts im Rechtssinne entzieht.

---

[187] *Hamel*, Grundrechte, S. 34.
[188] Lehrbuch des preußischen Privatrechts, S. 414.
[189] a.a.O., S. 508.
[190] a.a.O., S. 509.

Auch *v. Holstein*[191] spricht von den „immanenten Grenzen" des Eigentums.

Für die allen Grundrechten immanente Pflichtigkeit der Aufrechterhaltung der öffentlichen Ordnung weist *Dürig*[192] ähnlich naturrechtlich fundierte Gedanken bei *O. Mayer*[193] nach, der bei der Polizeipflichtigkeit von einer „vorausgesetzten" Pflicht[194] spricht, nach der es „von vornherein nicht zur Freiheit des Einzelnen gehört, daß er auch die gute Ordnung des Gemeinwesens, in das er hineingestellt ist, stören dürfe"[195].

β) Die Bedeutung der geschriebenen Grundrechtsschranken nach der Immanenzlehre

Wenn es zutrifft, daß alle Grundrechtsschranken verfassungsimmanent sind und wenn deshalb die gesetzgeberische Betätigung nicht als Einschränkung eines räumlich verstandenen Freiheitsbereiches oder als Eingriff von außen in eine bis dahin vorhandene „natürliche" Freiheit verstanden werden kann, dann kann auch ein Verständnis der grundrechtlichen Gesetzesvorbehalte als „Eingriffsermächtigungen"[196] zu echten Grundrechtseinschränkungen nicht mehr aufrechterhalten werden. Dies gilt um so mehr, als der Charakter der Grundrechtsschranken, als immanenter Schranken für alle Freiheitsrechte gleichermaßen gilt, so daß die Frage der Einschränkbarkeit der vorbehaltlos gestalteten Freiheitsrechte mit verstärkter Dringlichkeit sich aufdrängen würde. Man wird jedoch mit einer neueren Lehre[197] nach dem Vorbild des amerikanischen Rechts[198] bei zusammenschauender Interpretation des materiellen und den formellen Teils der Verfassung die umfassende Sozialgestaltungskompetenz auch im Grundrechtsbereich im organisatorischen Teil des Grundgesetzes suchen können.

Die Kompetenzzuweisungen des Grundgesetzes haben dann zweifache Funktion:

1. für den föderativen Aufbau stellen sie eine Zuständigkeitsabgrenzung und
2. gegenüber dem Bürger eine Ermächtigungsnorm dar.

---

191 Die Lehre von den öffentlich-rechtlichen Eigentumsbeschränkungen, S. 85; unter Berufung auf *Dernburg*, Pandekten Bd. I 4. Aufl. S. 87.

192 AöR 79, 77 f.

193 Deutsches Verwaltungsrecht, S. 203 ff.

194 a.a.O., S. 208.

195 a.a.O., S. 207; ähnlich vom Rechtsbegriff her auch Hans *Huber*, Die Garantie der individuellen Verfassungsrechte, S. 116 a ff./119 a.

196 *Krüger*, NJW 55, 201; *Maunz*, StR, S. 100.

197 *Ehmke*, Wirtschaft und Verfassung, S. 111; *ders.*, VVDStRL 20, 89 f.; P. *Schneider*, VVDStRL 20, 31.

198 Vgl. dazu die Hinweise bei *v. Pestalozza*, Staat 1963, S. 439 N. 65.

Sieht man die Grundrechte im Verhältnis Staat — Bürger in ihrer Abwehrfunktion als „negative Kompetenznormen", so begrenzen sowohl die Gesetzesvorbehalte als auch die Sozialstaatsklausel diese „Negativ-Kompetenzen"[199]. Folgt man dieser Auffassung, die, wie v. Pestalozza nachgewiesen hat[200], auch vom Bundesverfassungsgericht in zunehmendem Maße vertreten wird, so stände eine in den gesamten Grundrechtssetzgebers zur Verfügung und das Vorhandensein geschriebener Grundrechtsvorbehalte könnte nicht mehr das „ob", sondern nur noch das „wie" gesetzgeberischer Betätigung im Grundrechtsbereich betreffen. Die Grundrechtsschrankenvorbehalte dienen danach nur der Ausgestaltung der Gemeinschaftssphäre innerhalb der Freiheitssphäre[201]; sie konkretisieren die Schranken gesetzgeberischer Betätigung im Grundrechtsbereich[202], indem sie den Gesetzgeber an die mit ihnen zum Ausdruck gebrachten Grundentscheidungen des Verfassungsgebers binden[203] und stellen insofern Interpretationsrahmen[204] bzw. Maßgaberahmen für den grundrechtsgestaltenden Gesetzgeber dar.

Im Verhältnis zu den Freiheitsrechtsleitsätzen selbst stellen sie ihrerseits — freilich wiederum sehr allgemein und generalklauselartig gehalten — Konkretisierungen immanenter Schranken der Freiheitsrechte dar, gesetzt durch authentische Interpretationen des Verfassungsgebers und sie binden deshalb den einfachen Gesetzgeber durch ihren Verfassungsrang. Innerhalb der Grenzen dieser „Interpretationsrahmen der Grundrechtsschranken" unterliegt das Grundrecht der Ausgestaltung durch den Gesetzgeber; zugleich wird damit auch die generalklauselartige Grundrechtsschranke selbst gesetzlich ausgestaltet[205].

γ) Sozialstaatsklausel und Grundrechtsschrankenvorbehalte

Da sowohl die Sozialstaatsklausel der Art. 20 I, 28 I GG als auch die Grundrechtsschrankenvorbehalte im Hinblick auf ihre grundrechtsbegrenzende Funktion Kompetenznormen und zugleich Maßgaberahmen

---

[199] *Ehmke*, Wirtschaft und Verfassung, S. 30 f.

[200] a.a.O., S. 439.

[201] *Uber*, Freiheit des Berufs, S. 57.

[202] *Geiger*, Staatslexikon, Stichw. „Grundrechte" Sp. 1128 Nr. 6.

[203] *Hensel*, HdStR II S. 316 f. N. 2; Eike *v. Hippel*, Grenzen, S. 52 f.

[204] Ähnlich *Maunz*, StR S. 100: „Interpretierende, den Grundrechtsinhalt aufzeigende Gesetze finden ihre inhaltliche Grenze an der ihnen als Rahmen vorgegebenen und von ihnen zu interpretierenden immanenten Grundrechtsschranke."

[205] Vgl. *Bachof*, Verfassungswidrige Verfassungsnormen, S. 46: „So wird u. U. dasjenige im Wege der einfachen Gesetzgebung ergangene oder künftig ergehende Recht, das den im Grundgesetz aufgestellten Grundsatz der Sozialstaatlichkeit *verwirklicht*, wenigstens in seinen Grundzügen als Bestand-

für die Gesetzgebung darstellen, ist es praktisch ohne Bedeutung, ob die Sozialstaatsklausel als Bestandteil der „verfassungsmäßigen Ordnung“ in Art. 2 I GG[206] angesehen wird, oder die geschriebenen Grundrechtsschranken ihrerseits als Konkretisierungen des Sozialstaatsprinzips gelten müssen[207].

δ) Zur Unterscheidung von „Einschränkungen“ der Einheitsrechte von deren „immanenten Schranken“

Die Qualifizierung jeglicher Grundrechtsschranken als immanenter Schranken, die Einbeziehung auch der geschriebenen Grundrechtsschrankenvorbehalte in dieses Verständnis und ihre Interpretation als Interpretationsrahmen, die ihrerseits Konkretisierungen immanenter Schranken darstellen, hat zur Folge, daß die Darstellung gesetzgeberischer Betätigung im Grundrechtsbereich als einer „durch Gesetz von außen herangetragenen Einschränkung“ der einer Verdeutlichung immanenter Schranken[208] zu weichen hat[209].

Daß die Freiheit schon an sich nicht unbeschränkt, sondern von vornherein begrenzt ist, steht auch einer Unterscheidung verschiedener Arten von Grundrechtsbegrenzungen, nämlich „Einschränkungsvorbehalten“[210], „Ausgestaltungsvorbehalten“[211, 212] und „Einschränkungen“ zur Verwirklichung der Sozialbezogenheit der Grundrechte[213] entgegen. Die

---

teil der verfassungsmäßigen Ordnung angesehen werden müssen“; ähnlich *Maunz*, StR S. 100: „Gesetze, die hinsichtlich eines bestimmten Grundrechts dessen durch die Verfassungsmäßige Ordnung gesetzte Schranken *näher umschreiben*, dürfen ihrem Inhalt nach nicht selbst gegen diese verfassungsmäßige Ordnung verstoßen.“

[206] So *Nipperdey*, GR IV/2 S. 773, 805 mit umfangreichen Nachw. in N. 303.

[207] *Bachof*, GR III/1 S. 167 N. 47; allerdings ist es entgegen *Bachof* (a.a.O., *ders.*, Verfassungsrecht, Verwaltungsrecht, Verfahrensrecht, S. 125) mit dem Bundesverfassungsgericht (BVerfGE 7, 404) zu befürworten, bei der Interpretation immanenter Schranken außerhalb des thematischen Bereichs von Art. 2 I GG als selbständiges Auffangrecht auf die Sozialstaatsproklamation zurückzugreifen. Das wäre der Systematik der Grundrechtsschranken und der thematischen Abgrenzung der Einzelfreiheitsrechte von Art. 2 I GG zuträglich und würde der Gefahr einer Nivellierung der Schrankensystematik entgegenwirken.

[208] Auch *Dürig* (AöR 79, 57/59; *Nawiasky*, Die Grundgedanken des Grundgesetzes, S. 22 f. und *Maunz*, StR S. 99 f. erkennen beide Gestaltungen nebeneinander an.

[209] So zutr. m. E. *Hamel*, Grundrechte, S. 35; Eike *von Hippel*, Grenzen, S. 19 N. 25; S. 53 f. N. 22.

[210] Vgl. Art. 5 II GG.

[211-212] Art. 14 I 2, 12 I 2 GG.

[213] Vgl. diese Unterscheidung bei *Scheuner*, DÖV 56, 69; ähnlich *Bachof*, GR III/1 S. 170 N. 58; auch *Häberle*, Die Wesensgehaltsgarantie, S. 140 ff. unterscheidet „Begrenzungs- oder Güterabwägungsvorbehalte“ von „Ausge-

Anerkennung immanenter Schranken der Grundrechte hängt nicht davon ab, ob geschriebene Grundrechtsschrankenvorbehalte vorhanden sind und ob sie „ausreichen", die Anforderungen der staatlichen Gemeinschaft gegenüber den Freiheitsrechten zur Geltung zu bringen[214]. Denn wenn auch die Frage nach dem Vorhandensein immanenter Grundrechtsschranken immer wieder und in erster Linie bei Grundrechten mit fehlenden oder lückenhaften Schrankenvorbehalten aufgeworfen wird[215], so erschöpft sich doch die Bedeutung der Lehre von den immanenten Grundrechtsschranken nicht darin, dem Gesetzgeber „Eingriffsmöglichkeiten" auch im Hinblick auf Grundrechte ohne Schrankenvorbehalte zu verschaffen, vielmehr geht das Verständnis der Grundrechtsschranken als immanenter Schranken mit einer grundlegenden Veränderung des Verständnisses der Freiheit im Staate einher, das auch die geschriebenen Schranken in einem anderen Lichte erscheinen läßt.

Auch das Tätigwerden des einfachen Gesetzgebers auf Grund der geschriebenen Grundrechtsschrankenvorbehalte ist nicht ungebundene Kompetenzausübung, sondern an das Grundrecht selbst gebundene Ausfüllung der Grundrechtsschranke. Die geschriebenen Grundrechtsschranken sind ebenso wie die Sozialstaatsklausel der Art. 20 I, 28 I GG angesichts des zu gestaltenden Freiheitsrechts selbst begrenzt; sie sind der Ort, wo der Freiheitsrechtsleitsatz und die mit ihm konkurrierenden Verfassungsrechtsgüter in Beziehung treten. Die Betrachtung auch der geschriebenen Grundrechtsschrankenvorbehalte als „immanenter" Schranken bindet den Gesetzgeber auch beim Tätigwerden aufgrund geschriebener Grundrechtsschranken an eine wertende Abwägung der Verfassungsrechtsgüter, mit denen das zu gestaltende Freiheitsrecht in Kollision tritt, und es kann deshalb diesem Schrankenverständnis nicht vorgeworfen werden, es leiste dem „Leerlaufen" der Grundrechte Vorschub[216].

ε) Unterschiedliche immanente Schranken einzelner Freiheitsrechte

Der Bedeutungswandel, den die geschriebenen Grundrechtsschranken im Rahmen der Lehre von den immanenten Grundrechtsschranken erfahren[217], geht keineswegs mit einer mangelhaften Differenzierung der

---

staltungsvorbehalten" immanenter Grundrechtsschranken; vgl. dazu die Kritik bei Eike *von Hippel*, Grenzen, S. 53 f. N. 22.

[214] Im Anschluß an *Krüger* (NJW 55, 202) und *Maunz* (StR S. 100) vertritt z. B. *Laufke* (Festschrift für Heinrich Lehmann Bd. I S. 175 N. 116) die Auffassung, daß die Annahme, bzw. Heranziehung immanenter Schranken solange nicht erforderlich und zulässig sei, als spezielle Vorbehalte zu echten Grundrechtseinschränkungen vorhanden seien.

[215] Vgl. bei *Kimminich*, JZ 65, 739 ff. zu Art. 16 II 2 GG.

[216] So *Krüger*, NJW 55, 201 f.

[217] Verschiedentlich wird darauf hingewiesen, daß gegen ein solches Ver-

Grundrechte und ihrer Schranken, d. h. mit einer Zerstörung der Systematik der Grundrechtsschranken einher. Die Grundrechtsschranken gehen nicht ihrer Funktion verlustig, die einzelnen Freiheitsrechte entsprechend ihrer jeweiligen Bedeutung in unterschiedlicher Weise gegenüber den übrigen Verfassungsrechtsgütern abzugrenzen. Das Verständnis der geschriebenen Grundrechtsschranken als Interpretationsrahmen bzw. Maßgaberahmen für die grundrechtsausgestaltende Betätigung ist vielmehr geeignet, der Forderung nach kräftiger Differenzierung bei der Gestaltung der Freiheit in verschiedenen Lebensbereichen[218] zur Verwirklichung zu verhelfen und die Freiheit nach Inhalt und Umfang derart zu bestimmen und zu begrenzen, daß sowohl die jeder Freiheit auferlegten Bindungen[219] als auch die speziellen, in der jeweiligen Eigenart des besonderen Freiheitsrechts begründeten[220] Freiheitspflichtigkeiten[221] zur Durchsetzung gelangen. Jedes Freiheitsrecht hat wegen seiner besonderen historischen Entstehung[222] und seiner durch sein sachliches Thema bedingten[223] sozialen Konfliktlage seine eigenen immanenten Schranken[224], weil jedes Grundrecht spezifische Inhalte hat. Es unter-

stehen der geschriebenen Grundrechtsschrankenvorbehalte von der positiven Formulierung des Wortlauts der Grundrechtsschranken her Einwendungen zu erheben sind (*Hamel*, Grundrechte, S. 35; *Gallwas*, Der Mißbrauch von Grundrechten, S. 39 f.). Der Wortlaut der Vorbehalte, der vielfach Begriffe wie „Einschränkung", „Eingriff" und „Beschränkung" enthält (vgl. dazu *Bachof*, GR III/1 S. 208), muß der grundlegenden Erkenntnis weichen, daß das Grundgesetz nur phänotypisch (*Dürig*, JZ 53, 197) eine rein liberalistische Verfassung darstellt. Das Menschenbild des Grundgesetzes hat von der Sozialstaatsproklamation her eine grundlegende Charakterisierung erfahren; die Vorstellung von einer an sich unbegrenzten Freiheit des Einzelnen, die nur durch gesetzgeberische Eingriffe konstitutiv von außen her begrenzt wird, entspricht dem davon geprägten Grundrechts- und Schrankenverständnis nicht mehr.

218 *Lerche*, DÖV 65, 213, muß entgegengehalten werden, daß diese Fähigkeit zur Differenzierung keineswegs darauf beruht, daß etwa die „allgemeinen Gesetze" als Grenze, andere Schranken als „Eingriffsermächtigungen" verstanden werden; diese Differenzierungsmöglichkeit beruht vielmehr darauf, daß die Schranken der Freiheitsrechte enger oder weiter gefaßt sind und daß sie demgemäß dem Gesetzgeber mehr oder weniger Gestaltungsfreiheit belassen (vgl. bei *Dürig*, JZ 57, 171; auch oben 3. Kap. I 2 b.

219 Das Bundesverwaltungsgericht spricht von den jedem Grundrecht immanenten Schranken (BVerwGE 2, 295); kritisch zur Gemeinschaftsklausel des Gerichts *Bachof*, Verfassungsrecht, Verwaltungsrecht, Verfahrensrecht, S. 15, 123; *ders.*, GR III/1 S. 167 N. 47, der in Anlehnung an die Schranken des „Soweit"-Satzes des Art. 2 I GG Schranken auch für die übrigen Freiheitsrechte entwickeln will.

220 *Häberle*, Die Wesensgehaltsgarantie, S. 181.

221 Vgl. *Ruck*, Freiheit und Rechtsstaat, in: Die Freiheit des Bürgers in der Schweiz, Festgabe zur Hundertjahrsfeier der Bundesverfassung 1948, S. 87 ff. — zit. nach *Gerber*, AöR 81, 26.

222 So *Wintrich*, Laforet-Festschrift, S. 247.

223 *Uber*, Freiheit des Berufs, S. 56.

224 So *Scheuner*, Recht — Staat — Wirtschaft, Bd. 3 S. 159, der allerdings neben den immanenten Schranken die geschriebenen Vorbehalte als „Eingriffsvorbehalte" anerkennt.

liegt deshalb der gesetzgeberischen Ausgestaltung in spezifischer Art und Weise.

ζ) Wegfall der Unterscheidung von „Einschränkungsvorbehalten", „Regelungsvorbehalten" und immanenten Schranken — Exkurs über die Bedeutung für die Anwendung von Art. 19 I und Art. 19 II GG

Die gewandelte Bedeutung der grundrechtlichen Schrankenvorbehalte im Rahmen der Lehre von den immanenten Schranken und der Wegfall einer Unterscheidung von „Eingriff" und lediglich deklaratorischer Interpretation immanenter Schranken werden, von ihrer einschneidenden Bedeutung für das Verständnis der Wesensgehaltsgarantie des Art. 19 II GG abgesehen, Bedeutung bereits für den Streit über die Anwendbarkeit des Art. 19 GG überhaupt besitzen. In Art. 19 I GG ist die Einhaltung des Zitiergebots des Art. 19 I 2 GG und die Anwendung der Wesensgehaltsgarantie des Art. 19 II GG davon abhängig gemacht, daß ein Grundrecht durch Gesetz oder auf Grund eines Gesetzes „eingeschränkt" wird. Die Charakterisierung einer Gesetzgebung im Grundrechtsbereich als „Einschränkung" wurde damit zum Kriterium[225] der Anwendung von Art. 19 GG. Für das Tätigwerden des Gesetzgebers auf Grund sog. spezieller Gesetzesvorbehalte, die den Gesetzgeber ermächtigten, in den „eigentlichen Inhalt" des Grundrechtes einzugreifen, wurde deshalb die Bindung an Art. 19 I und II GG ebenso gefolgert, wie sie für die Verwirklichung der Verfassungsschranke der verfassungsmäßigen Ordnung in Art. 2 I GG verneint wurde[226]. Auch das Bundesverfassungsgericht[227] hat die Anwendbarkeit des Art. 19 I 2 GG für Art. 2 I GG verneint, weil die freie Entfaltung der Persönlichkeit nach Art. 2 I GG „von vornherein" nur unter dem Vorbehalt der „verfassungsmäßigen Ordnung" gewährleistet sei[228]. Ähnlich wird im sog. Handwerksurteil des Bundesverfassungsgerichts[229] die Anwendung des Art. 19 I, II GG ausgeschlossen, weil „Regelungen" i. S. des Art. 12 I 2 GG nicht „Einschränkungen" i. S. des Art. 19 GG seien[230].

---

[225] *Hamel*, Grundrechte, S. 34.

[226] Vgl. bei *Maunz*, StR S. 100; (Maunz)-*Dürig*, Kommentar, Art. 2 I Randn. 30; *Schätzler*, NJW 57, 819 N. 9.

[227] BVerfGE 10, 89 (99).

[228] *Ehmke* (VVDStRL 20, 84) schließt umgekehrt aus der Nichtanwendung von Art. 19 GG bei der Gestaltung der verfassungsmäßigen Ordnung i. S. des Art. 2 I GG sogar, daß dieser „eben doch kein Grundrecht" sei.

[229] BVerfGE 13, 97 (122).

[230] Kritisch Eike *von Hippel*, Grenzen, S. 55 N. 26 mit dem Hinweis, daß es sich bei „Regelungen", „Einschränkungen" und „Begrenzungen" gleichermaßen nur um die Frage der Reichweite der Grundrechtsnorm handle.

Wenn andererseits Art. 19 GG in seinen Absätzen 1 und 2 Anwendung nicht nur bei sog. „Eingriffen" im herkömmlichen Sinne, sondern bei jeder gesetzlichen Ausgestaltung der Freiheit finden sollte, ergäbe sich angesichts der Vielzahl der durch Art. 2 I GG thematisch erfaßten sog. Innominatfreiheiten, daß beinahe jedes Gesetz das Grundrecht des Art. 2 I GG als „eingeschränkt" zitieren müßte[231]. Ohne daß hierauf im Rahmen dieses Exkurses näher eingegangen werden soll, ist zu bemerken, daß die Bedrohung der Verletzung des Zitiergebots des Art. 19 I GG mit Nichtigkeitsfolgen vermeidbar erscheint. Es ist zunächst nicht unstreitig, daß etwa jeder gesetzliche Verstoß gegen Verfassungsnormen mit der „Nichtigkeitsautomatik" ausgestattet ist. Zum anderen ist die Bestimmung des Art. 19 I 2 GG in der Verfassungspraxis ohnehin weitgehend obsolet geworden, so daß es nicht gerechtfertigt erscheint, an der vorgenannten „Nichtigkeitsautomatik" bei Verstößen gegen das Zitiergebot des Art. 19 I 2 GG auch angesichts derer verheerenden Folgen für den gesamten Normenbestand festzuhalten.

Gegen *Löffler*[232] und *Röhl*[233] könnte deshalb mit der wohl überwiegenden Auffassung[234] ein „Soll"-Charakter der Vorschrift des Art. 19 I 2 GG vertreten werden, wenn nicht die mechanische Befolgung des „Zitiergebots" des Art. 19 I 2 GG zu einer „formellen Farce"[235] erstarren soll.

III. Die Herstellung der Relation von Freiheit und Bindung durch Abwägung der beteiligten Verfassungsrechtsgüter

1. Der Immanenzgedanke — lediglich formales und ausfüllungsbedürftiges Schema

Ebenso wie der Begriff „Ausgrenzung" nur die technisch-normative Seite der Sache bezeichnet und nichts darüber aussagt, aus welchem Grunde und in welchem Maße diese Ausgrenzung erfolgen darf[236], kann der Immanenzgedanke lediglich als insofern „formales Prinzip"[237] angesehen werden, als er zwar über das Verständnis des Begrenztseins der Wirkungskraft der Grundrechte aussagt, aber nicht dazu, *wie* jene Gren-

---

[231] Vgl. bei *Schätzler*, NJW 57, 819 N. 9; *Nipperdey*, GR IV/2 S. 781 folgert hieraus auf die Nichtanwendbarkeit des Art. 19 I 2 GG für das Grundrecht des Art. 2 I GG.

[232] DÖV 60, 54.

[233] AöR 81, 195.

[234] Insbes. *v. Mangoldt-Klein*, Kommentar, S. 547 ff.; *Dürig*, AöR 79, 61 N. 13; *Wernicke*, BK, Art. 19 Erl. II 1 e.

[235] *v. Mangoldt-Klein*, Kommentar, a.a.O.

[236] *Forsthoff*, VVDStRL 12, 18.

[237] Eike *von Hippel*, Grenzen, S. 31.

zen zu ziehen sind, die Inhalt und Umfang des Grundrechts in der Gemeinschaft bezeichnen[238]. Dieses *Wie* der Grenzziehung, der Bestimmung der Sozialbindung der Freiheit ist nämlich, wie bereits gesagt war, nicht mit einer „perfekten" Methode, auch nicht der Lehre von den immanenten Schranken zu bewältigen, diese Grenzziehung ist vielmehr eine Bewertungsfrage[239].

2. Güterabwägung und Verhältnismäßigkeitserfordernis beim Messen der gesetzgeberischen Regelungen am Freiheitsrechtsleitsatz des Art. 2 I GG selbst

Wenn oben die Auffassung vertreten wurde, daß dem „Leerlaufen" der Grundrechte nur entgegengewirkt werden kann, wenn die in Art. 1 III GG postulierte Bindung auch des Gesetzgebers an die Grundrechte als unabdingbarer Befehl verstanden wird, das konkretisierende Gesetz gerade an dem zu gestaltenden Freiheitsrecht zu „messen", so daß das Grundrecht und das konkretisierende Gesetz einander bedingen, einander aber auch begrenzen[240], so ist dies eine Forderung, die hinsichtlich ihres „ob" kaum, hinsichtlich ihres „wie" dagegen außerordentlich umstritten ist. Der zulässige „Eingriff" in ein Grundrecht, das leitsatzgerechte gestaltende und konkretisierende Gesetz, muß auch formell zulässig sein und die verfassungsrechtliche Zuständigkeitsordnung wahren. Er muß mit objektivem Verfassungsrecht auch außerhalb von Art. 2 I GG vereinbar sein — dies gilt aber nicht für das Verhältnis der Freiheitsrechte untereinander; die Zulässigkeit gesetzlicher Gestaltung etwa im Themabereich des Art. 2 I GG darf nicht dergestalt beurteilt werden, daß zunächst dritte Einzelfreiheitsrechte als Prüfungsmaßstab herangezogen und daß das Ergebnis dieser Prüfung hieran anschließend dem Art. 2 I GG von außen her angefügt wird, ohne daß er selbst Maßstab des ihn „einschränkenden" Gesetzes geworden wäre[241]; dies war bereits erörtert.

Der bereits dargestellte Sinnzusammenhang von individueller Freiheit und ihrer Sozialbindung[242] im Grundgesetz, das Individualität *und* Gemeinschaft[243] innerhalb des Verfassungsganzen zu einer ausgegliche-

---

[238] Vgl. *Wintrich*, Zur Problematik der Grundrechte, S. 24; *Nipperdey*, GR IV/2, S. 810.

[239] Ernst *von Hippel*, Untersuchungen zum Problem des fehlerhaften Staatsaktes, S. 141; *Zippelius*, Wertungsprobleme im System der Grundrechte, S. 2; *Kimminich*, JZ 65, 743.

[240] Lüth-Urteil des Bundesverfassungsgerichts (BVerfGE 7, 198 (208 f.)).

[241] Vgl. BVerfGE 12, 196 ff., ebenso BVerwGE 7, 125 ff.

[242] BVerfGE 1, 14 (32); 2, 380 (403).

[243] BVerfGE 4, 7 (15); 7, 377 (403); 8, 274 (329).

nen Einheit verbunden wissen will[244], läßt die verschiedenen Verfassungsrechtsgüter in ein Verhältnis gegenseitiger Zuordnung und auch Begrenzung treten[245] und rückt als Methode der Herbeiführung eines solchen Ausgleichs ein wertendes Verstehen, die Abwägung der beteiligten Rechtsgüter[246] und den *Verhältnismäßigkeitsgrundsatz* in den Vordergrund[247]. Die Durchführung einer wertenden Betrachtung nicht nur bei der Frage der Erforderlichkeit einer gesetzgeberischen Maßnahme, sondern die Einbeziehung auch des Grundsatzes der Verhältnismäßigkeit zur Herstellung des Ausgleiches kollidierender Verfassungsrechtsgüter vermag dem Einwand zu begegnen, eine bewertende Auslegung müßte eine Totalüberlagerung von als geringer erachteten Werten durch überlegene Werte anstelle der Herstellung des mit der Auslegung gesuchten Grenzkorrektureffekts zur Folge haben[248]. Die Rechtsnormen der Verfassung, auch soweit sie als bloße „Leitsätze" generalklauselartig gestaltet sind und Schutzmechanismen der hinter ihnen stehenden sozialen Werte darstellen[249], sind keine Werte, sondern Normen, und allein ihr Nebeneinander im Normengefüge der Verfassung gebietet, sie einander zuzuordnen und schließt es aus, sie einander total zu überlagern[250]. Dieses Nebeneinander unterschiedlicher Verfassungsrechtsnormen und die Notwendigkeit, ihre Geltung immer wieder aufs neue zu bestimmen, sie dadurch gegeneinander abzugrenzen und ihre Inhalte auszugestalten, macht eine Methode der Güterabwägung zum adäquaten Mittel der Bestimmung der Grundrechtsschranken[251].

Es ergibt sich deshalb bei der Beurteilung von Rechtsgüterkollisionen die Frage, ob und in welcher Weise die beteiligten Rechtsgüter eine eigene Wertigkeit im Hinblick auf einen ihnen gemeinsamen Bezugspunkt hin besitzen, weil sich nur dann ein Maßstab finden läßt, an dem beide gleichermaßen gemessen werden können.

---

[244] *Noltenius*, Filmselbstkontrolle, S. 140 f.; *Bachof*, VVDStRL 12, 45 f.

[245] BVerfGE 7, 198 (208); vgl. auch *Jeschek*, Pressefreiheit und militärisches Staatsgeheimnis, S. 11 f.

[246] Vgl. BGHZ 12, 197 (205) zu Art. 5 GG; BGHZ 13, 334 (338) zum allgemeinen Persönlichkeitsrecht; BGHZ 24, 72 (80) zum allgemeinen Persönlichkeitsrecht; BGH DÖV 55, 729; vgl. auch BGHSt 4, 378; 4, 392; 7, 399; zust. *Hubmann*, AcP 155, 85 ff.; *ders.*, Nipperdey-Festschrift 1965, S. 53 f.

[247] Vgl. dazu *Krüger*, NJW 55, 599; *Evers*, AöR 90, 89; *Dürig*, AöR 81, 146, erblickt den Standort des Verhältnismäßigkeitsprinzips in Art. 19 II GG; *Maunz*, StR S. 103; *Hamel*, DVBl. 58, 40 f., 44; *Scheuner*, DVBl. 58, 849.

[248] *Leisner*, DÖV 61, 650.

[249] Vgl. *Leisner*, Grundrechte und Privatrecht, S. 372 f.; *Schmidhäuser* (Von den zwei Rechtsordnungen im staatlichen Gemeinwesen, S. 25) bezeichnet die Generalklauseln als Punkte, in denen die Bezogenheit der staatlichen auf die gesellschaftliche Rechtsordnung besonders deutlich wird.

[250] *Häberle*, Die Wesensgehaltsgarantie, S. 38.

[251] *Häberle*, Die Wesensgehaltsgarantie, S. 31.

Das Vorhandensein individueller Freiheitsrechte im Grundgesetz ergibt im Zusammenhang mit dem Art. 1 II GG, wonach die individuellen Grundrechte die „Grundlage jeder menschlichen Gemeinschaft“ bilden, daß das Grundgesetz bei der Ordnung der Lebensverhältnisse von dem Gedanken der individuellen Selbstbestimmung eines jeden ausgeht[252]. Die verfassungsmäßige Ordnung i. S. des Art. 2 I GG kann deshalb nicht irgendeine „gute“ oder „hergebrachte“ Ordnung sein, die allein um ihres Funktionierens willen oder wegen ihres historischen Überliefertseins Berechtigung hätte, sondern verfassungsmäßig ist nur diejenige Ordnung, die das Gewicht, das das Grundgesetz der freien Selbstbestimmung der Persönlichkeit beimißt, in der dem Art. 1 III GG gerecht werdenden Art und Weise berücksichtigt. Das impliziert, daß die gesetzliche Gestaltung von Sozialtatbeständen durch den Staat nur dort zulässig ist, wo die freie Gestaltung durch den Einzelnen gestellte Aufgaben nicht mehr zu bewältigen vermöchte; die Ersetzung der Individualgestaltung durch diejenige des gemäß Art. 20 I, 28 I GG berufenen Staates muß deshalb durch einen sachlichen Grund legitimiert sein[253], d. h. sie muß erforderlich sein[254]. Der Freiheit der Entfaltung darf nur dort eine Grenze gesetzt werden, wo „überragende Forderungen des Gemeinwohls es unabdingbar gebieten“[255]; oder: „Jede Grundrechtsnorm gilt nur, wenn und soweit dem geschützten Freiheitsinteresse keine höherwertigen Interessen (Rechtsgüter) entgegenstehen[256].“ Es ist freilich auch der Grundsatz der Güterabwägung nur ein formales Prinzip[257], eine Hülle, die noch der Ausfüllung durch materiale Maßstäbe bedarf[258]. Güterabwägung ist ein Bewertungsvorgang und setzt wie jede Wertung einen Maßstab voraus[259]. Und es ist das Problem der hier durchzuführenden Wertung, die so verschieden strukturierten Staatsinteressen und die mit ihnen kollidierenden Individualinteressen in ihrer Wertigkeit auf einen bestimmten und gemeinsamen Bezugspunkt hin zu bestimmen.

---

[252] Ähnlich Eike *von Hippel*, Grenzen, S. 15 f.

[253] *Wintrich*, *Apelt*-Festschrift, S. 6.

[254] *v. Kraus*, Der Grundsatz der Verhältnismäßigkeit, S. 14 ff.

[255] So die Vertreter der strengen Gemeinwohlklausel, E. R. *Huber*, Wirtschaftsverwaltungsrecht Bd. I S. 663; *ders.*, DÖV 56, 136; *Wintrich*, Zur Problematik der Grundrechte, S. 24; *Dürig*, NJW 55, 730 N. 117; *ders.*, JZ 57, 172; *Nipperdey*, GR IV/2 S. 813 m. Nachw. in N. 328.

[256] Eike *von Hippel*, Grenzen, S. 30 N. 34; vgl. auch *Dürig*, summum ius summa iniuria, S. 87 f.: „Es klingt fast wie eine mathematische Formel: Wenn die Freiheit als solche nach dem Willen der Verfassung gesichert werden muß, dann geht das überhaupt nur, wenn die einzelnen Bürger dieses Staates mindestens jene Freiheitsbeeinträchtigungen freiwillig hinnehmen und notfalls zwangsweise hinzunehmen haben, die diesen Wertschutz überhaupt erst ermöglichen.“

[257] *Häberle*, Die Wesensgehaltsgarantie, S. 32, 37.

[258] Vgl. bei *v. Pestalozza*, Staat 1963, S. 448 f.

[259] *Schnur*, VVDStRL 22, 23; *Kimminich*, JZ 65, 743.

Ebenso wie für Schweremessungen die Gewichtseinheit und für Längenmessungen die Längeneinheit zur Verfügung stehen, gilt es auch für die Güterabwägung das gemeinsame Kriterium zu finden, mit dessen Hilfe die beteiligten Verfassungsrechtsgüter gemessen werden können[260]. Ein solcher Maßstab könnte in der Wertigkeit in Hinblick auf das Gedeihen des sozialen Ganzen, und zwar sowohl des Einzelnen als auch der übrigen zu suchen sein; es werden nicht der „Wert der Individualinteressen" und der „Wert der Sozialanliegen" schlechthin in Bezug gesetzt, weil sie als solche nicht vergleichbar und an einem gemeinsamen Maßstabe nicht meßbar sind. Vielmehr wird ihr Wert nach ihrem Beitrag zum Gedeihen des sozialen Ganzen gemessen, nach ihrer Fähigkeit zur Bewältigung sozialer Aufgaben. Die Ermittlung von Inhalt und Grenzen des Grundrechts durch Güterabwägung hat deshalb im Wege soziologischer Tatsachenforschung, nämlich der Ermittlung, Feststellung und Analyse der Lebenssachverhalte zu erfolgen[261]. Nur dort, wo die Regelung sozialer Tatbestände durch das frei gestaltende Individuum im Hinblick auf das Wohl des Ganzen nicht mehr zuträglich ist, ist diese Regelung der sozialen Gemeinschaft aufgegeben.

Hier werden ähnliche Überlegungen anzustellen sein, wie sie die Anwendung des Grundsatzes der Subsidiarität erfordert[262]. Der Grundsatz der individuellen Selbstbestimmung eines jeden Einzelnen bei der Ordnung seiner Lebensverhältnisse[263] ist in Gestalt der Freiheitsrechte mit Verfassungskraft gewährleistet. Die Grundrechte werden dadurch zur Grundlage des menschlichen Gemeinschaftslebens (Art. 1 II GG) und zu einem staatlichen Ordnungsfaktor und gewinnen neben ihrem Charakter als individuelle Schutzrechte auch den einer verfassungsmäßigen Aufgabe[264].

Daß auch bei der Heranziehung des Subsidiaritätsgedankens bei der Bestimmung des Geltungsbereiches der Grundrechtsnorm noch um das Maß staatlicher Gestaltungsbefugnis gestritten werden kann, liegt auf der Hand; es war schon gesagt, daß eine perfekte Lösung dieses Problems, das stets auch ein Bewertungsproblem bleiben wird, nicht geboten werden kann. Deshalb bleibt die Frage, nach welchen Grundsätzen sich beurteilen läßt, ob eine Materie besser durch private und frei sich entfaltende Initiative oder durch die Organe der Gemeinschaft geregelt

---

[260] Vgl. bei *Rupp*, Verh. des 46. Dt. J. T. 1966, Bd. I (Gutachten) Teil 3 A S. 166 ff. (197).

[261] *Wintrich*, *Apelt*-Festschrift, S. 11; *Hubmann*, JZ 57, 523.

[262] Vgl. dazu *Nipperdey*, GR IV/2 S. 808, 815; *Huber*, DÖV 56, 205; *Thieme*, JZ 61, 284.

[263] Vgl. bei Eike *von Hippel*, Grenzen, S. 15 f.

[264] Vgl. *Krüger*, DÖV 55, 598; *Hamel*, Grundrechte, S. 44.

wird[265], welche Unzuträglichkeiten für das Ganze also hingenommen werden müssen, ohne daß sogleich der Ruf nach dem überlegen organisierenden „Staat" erfolgt.

Immerhin wird aber durch die Frage nach der realen sozialen Bewältigungskraft der Raum bloßer Wertung ohne Zuhilfenahme konkret faßbarer Kriterien eingegrenzt, und die Entscheidung wird wenigstens zum Teil aus dem Bereich bloßer Dezision in Regionen hineinverlagert, die materieller Meßbarkeit zugänglich sind. Daß ein solches Vorgehen jedenfalls in einer Anzahl von Fällen möglich ist, beweist die Entscheidung des Bundesverfassungsgerichts über die Verfassungsbeschwerde zweier Kundinnen gegen das Ladenschlußgesetz[266], wohingegen in der Entscheidung über die Verfassungsmäßigkeit einer Milchmarktordnung[267] der Satz: „Diese Einschränkungen der wirtschaftlichen Betätigungsfreiheit sind zulässig, soweit überwiegende Gründe des Gemeinwohls die Einführung einer Marktordnung rechtfertigen oder gar gebieten" mangels genauerer Analyse der beteiligten Interessen zur bloßen Leerformel erstarrt[268]. Nachdem das Bundesverfassungsgericht der Sache nach bereits in dem sog. Apothekenurteil[269] zu Art. 12 GG ähnlich argumentiert hatte, wie die Vertreter einer strengen Gemeinwohlklausel[270], behielt es ein solches Vorgehen in weiteren Entscheidungen zu Einzelfreiheitsrechten bei[271] und übernahm es schließlich unter Abweichung von der Elfes-Entscheidung[272], welche die gesetzgeberische Regelung nur an der Verfassung „außerhalb von Art. 2 I GG selbst"[273] messen wollte, auch in mehreren Entscheidungen für die Bestimmung des Begriffs der „verfassungsmäßigen Ordnung" in Art. 2 I GG. Das wird im einzelnen noch darzulegen sein.

---

[265] Vgl. *Thieme*, JZ 61, 284.

[266] BVerfGE 13, 230 (235 f.).

[267] BVerfGE 18, 315.

[268] Vgl. die Kritik von *Rupp*, Verh. d. 46. Dt. J. T. Bd. I Teil 3 A, S. 196 f.

[269] BVerfGE 7, 377 (404 ff.).

[270] E. R. *Huber*, DÖV 56, 136; *ders.*, Wirtschaftsverwaltungsrecht Bd. I S. 663; *Nipperdey*, GR IV/2, S. 803 f. (819); vgl. auch bei *Dürig*, JZ 57, 172 unter bb., der dies als die „bittere Konsequenz der Einbeziehung der Sozialstaatsklausel" in den Begriff der „verfassungsmäßigen Ordnung" in Art. 2 I GG bezeichnet.

[271] BVerfGE 10, 185 (197) zu Art. 12 GG; 11, 30 (42) zu Art. 12 GG; 11, 234 (239) zu Art. 5 GG; 13, 237 (239 f.) zu Art. 12 GG; 13, 97 (105) zu Art. 12; 15, 226 (234) zu Art. 12 GG; 18, 353 (362/364) zu Art. 12 GG; NJW 66, 291 (292) zu Art. 12 GG.

[272] BVerfGE 6, 32 ff.

[273] BVerfGE 9, 137 (146); 17, 306 (313).

IV. Zur Freiheit des Gesetzgebers bei der Ausgestaltung von Inhalt und Grenzen der Grundrechte — gesetzgeberisches „Ermessen“

Auch die Heranziehung des Güterabwägungs- und Verhältnismäßigkeitsgrundsatzes stellt aber kein Allheilmittel dar und sie muß insbesondere versagen, wenn mit ihrer Hilfe der — untaugliche — Versuch unternommen wird, aus dem Freiheitsrechtsleitsatz des Art. 2 I GG als fertiges Ergebnis im Wege der „Ableitung“ dasjenige herauszuinterpretieren, was zuvor mehr oder minder willkürlich hineingelesen wurde. Auch eine Güterabwägung, die um eine substantiierte Erfassung und Abwägung der Lebenssachverhalte bemüht ist, bleibt schließlich ein Bewertungsvorgang, ein „fundamentales Wertungsproblem“[274], und läßt unangreifbare Ergebnisse von apriorischer Richtigkeit nicht erwarten[275]. Denn wenngleich die den Grundrechten wegen ihrer „Gemeinschaftslage“ innewohnenden, also immanenten Schranken auch ohne gesetzliche Konkretisierung und Ausgestaltung bestehen, dient doch die Ausgestaltung der Verdeutlichung und Erkennbarmachung dieser Schranken[276] und es bestehen viele Möglichkeiten der Verwirklichung des Zugeordnetseins der Verfassungsrechtsgüter[277]. Es entspricht deutscher Verfassungstradition und dem demokratischen Gedanken, daß die konstitutive Formulierung der Grundrechtsschranken durch Gesetze der vom Volke legitimierten Volksvertretung, dem Parlament zukommt. Der Gesetzgeber wählt aus der Vielzahl rechtlich möglicher Gestaltungen aus und verleiht seiner Auswahl kraft seiner primären Erkenntniskompetenz die Authentizität der Gesetzeskraft[278]. Er hat zu bestimmen, was der

---

[274] *Zippelius*, Wertungsprobleme im System der Grundrechte, S. 15; *Kimminich*, JZ 65, 743.

[275] Vgl. bei *Rupp*, Grundfragen, S. 186 f.

[276] Vgl. *Bachof*, Verfassungsrecht, Verwaltungsrecht, Verfahrensrecht, S. 16.

[277] *Evers*, AöR 90, 95.

[278] Das verkennt *Menger*, VerwArch. 55 (1964), S. 73; vgl. dazu oben 4. Kap. N. 74. Dem hier angesprochenen Problem auch der Erkenntniskompetenz für Exekutive und Judikative kann im einzelnen nicht nachgegangen werden. Schon alsbald ist von Forsthoff (VVDStRL 12, 17, 21) darauf hingewiesen worden, daß Art. 1 III GG das Verhältnis von Legislative und Exekutive aus den Angeln heben kann, indem die Exekutive in die Stelle der Legislative eingewiesen wird, wo diese ihres Amtes noch nicht gewaltet hat. Die wohl herrschende Meinung (*Krüger*, DÖV 55, 599; *Jesch*, Gesetz und Verwaltung, S. 114, 137 f.) lehnt eine solche Kompetenz für die Exekutive unter Hinweis auf den Grundsatz der Gesetzmäßigkeit der Verwaltung ab (vgl. Eike *von Hippel*, Grenzen, S. 45); ebenso *Bachof*, GR III/1 S. 211 für die verbindliche Ausgestaltung immanenter Schranken, während der Rechtsprechung in gewissem Umfange dieser Befugnis zugestanden wird (vgl. die Nachweise bei Eike *von Hippel*, Grenzen, S. 41 ff.). Diese unterschiedliche Würdigung ist rechtsdogmatisch an sich problematisch, weil es sich bei beiden Gewalten um gesetzesgebundene Gewalten handelt, deren Gleichstellung in Hinblick auf Art. 20 III GG geboten ist und die vom „Gesetz“ nur um des „Rechtes“ willen abzuweichen befugt sind (vgl. bei Hildegard *Krüger*, DVBl. 65, 661 (662).

Verfassung gemäß ist und dem Freiheitsrechtsleitsatz entspricht[279]; nur die Tatsache, daß er seinerseits an die zu interpretierenden Grundrechte gebunden ist[280] setzt seiner Gestaltungsfreiheit Grenzen.

Mit der verfassungsrechtlichen Bindung des Gesetzgebers an die Grundrechte[281], welche die Gesetzgebung insoweit zu einem Rechtsanwendungsvorgang, nämlich zur „Verfassungsanwendung“[282] macht, steht das Problem der Auslieferung dieser gesetzgeberischen Entscheidung an den Verfassungsrichter in engem Zusammenhang. Der Verfassungsrichter ist berufen, über die Einhaltung der Bindung des Gesetzgebers an die Verfassung zu wachen (Art. 93, 100 GG)[283] und die Frage der Freiheit gesetzgeberischen Ermessens bei der Gestaltung verdichtet sich im Verfassungsprozeß zu der der Nachprüfbarkeit der gesetzgeberischen Verfassungsausgestaltung durch den Richter, der Ersetzung der gesetzgeberischen Bewertung durch die des Verfassungsrichters.

Der verfassungsrechtliche Sinn dieser gesetzgeberischen Erkenntniszuständigkeit wäre verfehlt, wollte man dem Richter die Befugnis zugestehen, sein Ermessen unbeschränkt an die Stelle der gesetzgeberischen Gestaltungsfreiheit zu setzen[284]; andererseits scheint einer Beschränkung des richterlichen Nachprüfungsrechts auf eine bloße Willkürabwehr[285] schon die Tatsache der Bindung auch des Richters an Gesetz und Recht (Art. 20 III GG) entgegen zu stehen[286], die den Richter zwingt, in bestimmtem Umfange Sacherwägungen des Gesetzgebers nachzuvollziehen.

Das Bundesverfassungsgericht hat sich im Apothekenurteil[287] zu einer grundsätzlichen Sachprüfungsbefugnis des Richters über den Gesetz-

---

[279] Vgl. hierzu *Zippelius*, Wertungsprobleme im System der Grundrechte, S. 198; *Häberle*, Die Wesensgehaltsgarantie, S. 186; *Scheuner*, VVDStRL 22, 40 N. 115.

[280] Vgl. BVerfGE 7, 377 (404): „Nicht er (der Gesetzgeber) bestimmt frei den Inhalt des Grundrechts, sondern umgekehrt kann sich aus dem Gehalt des Grundrechts eine inhaltliche Begrenzung seines Gesetzgebungsermessens ergeben“; anders aber *Ipsen*, DVBl. 56, 360: Der Gesetzgeber ist berufen, „den substantiellen Inhalt der Berufsfreiheit auch konstitutiv zu gestalten“.

[281] Vgl. *Hamel*, Grundrechte, S. 44.

[282] So (Maunz)-*Dürig*, Kommentar, Art. 20 Randn. 117.

[283] BVerfGE 7, 377 (409 f.); *Scheuner*, Festschrift Dt. J. T. 1960, Bd. 2 S. 259.

[284] Vgl. zum Umfang richterlicher Nachprüfung bei *Zippelius*, Wertungsprobleme im System der Grundrechte, S. 199 m. Nachw. in N. 3.

[285] So *Jerusalem*, SJZ 50, Sp. 4; *Scheuner*, Festschrift Dt. J. T. 1960, Bd. II S. 260; vgl. aber *ders.*, DVBl. 58, 849: „Das Gericht muß in erheblichem Umfange auf die Sacherwägungen des Gesetzgebers eingehen. Das ist bei einer solchen Wertabwägung unvermeidlich“; für eine Beschränkung des Nachprüfungsrechts auch *Ehmke*, VVDStRL 20, 97.

[286] Vgl. bei *Scheuner*, Festschrift Dt. J. T. 1960, Bd. II, S. 259, der freilich dennoch den Richter auf eine bloße Willkürkontrolle beschränkt wissen will (a.a.O., S. 260); *Zippelius*, Wertungsprobleme im System der Grundrechte, S. 199.

[287] BVerfGE 7, 377 ff.

geber bekannt[288], und diese Auffassung auch in der folgenden Rechtsprechung zu Einzelfreiheitsrechten[289] und zu Art. 2 I GG[290] praktiziert. Es liegt dabei nur in der Natur der Sache, daß seine Stellungnahmen zum Problem der gesetzgeberischen Gestaltungsfreiheit[291] und zur richterlichen Prüfungsbefugnis gewissen Wandlungen unterliegen.

Das Gericht legt sich z. B. in BVerfGE 18, 315/325[292] oder in BVerfGE 13, 97/105[293] sichtlich mehr Zurückhaltung auf, als im Apothekenurteil[294]. Zu beachten ist, daß die Bindung des Gesetzgebers gemäß Art. 1 III GG an das Grundrecht des Art. 2 I GG bei der Schaffung der verfassungsmäßigen Ordnung, die u. a. mit Hilfe des Güterabwägungsgrundsatzes verwirklicht wird, gerade darin besteht, daß der Gesetzgeber nur dort gestalten darf, wo dies im Gemeininteresse notwendig ist. Auf die Prüfung, ob dies der Fall sei, darf deshalb der Richter nicht verzichten. Der Satz des Gerichts:

> „Es mag bemerkt werden, daß das Bundesverfassungsgericht nicht darüber zu entscheiden hat, ob die Schaffung solcher Einrichtungen[295] sozial- und gesellschaftspolitisch erwünscht, zweckmäßig *oder gar notwendig*“[296]

ist, stellt einen unzulässigen Verzicht des Bundesverfassungsgerichts auf sein Nachprüfungsrecht und auf seine Nachprüfungspflicht dar.

Die Grenzen richterlicher Nachprüfung werden hier nicht eindeutig bestimmt werden können. Der gesetzgeberische Akt wird ein gewisses Extrem[297] möglicher „Anschauung von der Bedeutung des Grund-

---

[288] a.a.O., S. 409 f.

[289] Vgl. BVerfGE 10, 185 (197); 11, 30 (42); 11, 234 (239); 13, 97 (105/113); 13, 237 (239 f.); 18, 353 (362).

[290] BVerfGE 10, 354 (363 f./369); 12, 341 (347); 13, 230 (234); 15, 235 (240 ff.); 17, 306 (313/315); 18, 315 (327); 19, 93 (95 f.).

[291] BVerfGE 10, 234 (240); 11, 30 (43 f.); 11, 50; 14, 288 (312); daß das Gericht offenbar dem Gesetzgeber hinsichtlich der Handhabung des Gleichheitssatzes einen weiteren Spielraum gewähren will als bei den Freiheitsrechten (vgl. BVerfGE 8, 28 (37); 9, 250 (255); 9, 291 (302), kann hier nur vermerkt werden.

[292] BVerfGE 18, 315 (325); Das Bundesverfassungsgericht hat nur über die Verfassungswidrigkeit der angegriffenen Maßnahme zu entscheiden. Dagegen ist es nicht seine Aufgabe, nachzuprüfen, ob sie die beste, angemessenste oder zweckmäßigste Lösung darstellt.

[293] BVerfGE 13, 97 (105), eine Formulierung, die *Ehmke*, VVDStRL 20, 97 wohl zu weitgehend als bloßes Willkürverbot interpretiert wissen will; „... doch darf sich der Richter über die Erwägungen und Wertungen, die den Gesetzgeber zu einer nach seiner Auffassung notwendigen Freiheitsbeschränkung geführt haben, nur dann hinwegsetzen, wenn sie sich am Maßstab des Grundrechts gemessen, als unhaltbar erweisen.“

[294] BVerfGE 7, 377 (409 f.).

[295] Der ärztlichen Zwangsversorgungseinrichtungen — BVerfGE 12, 319 (323).

[296] Hervorhebung vom Verfasser.

[297] *Draht*, VVDStRL 9, 92: „... nur die äußerste Grenze der Vereinbarkeit mit der Verfassung.“

rechts"[298] überschreiten müssen, wenn er dem richterlichen Verdikt anheimfallen soll; in keinem Falle darf die ungewisse Wertentscheidung des Gesetzgebers durch eine ebenso ungewisse des Richters ersetzt werden[299]. Zugleich aber sollte nicht verkannt werden, daß jegliche gesetzliche Gestaltung im Bereich der Grundrechte wegen deren generalklauselartigen Charakters sich weitgehend im Bereiche der Bewertung bewegt und daß die Aufgabe des Verfassungsgerichts, die Bindung des Gesetzgebers zu kontrollieren, nur dann erfüllt werden kann, wenn das Gericht *grundsätzlich* für kompetent befunden wird, die Bewertungen des Gesetzgebers nachzuvollziehen und sie damit rationaler Kontrolle zu unterwerfen.

[298] Vgl. BVerfGE 18, 85 (93) für das richterliche Ermessen und seine verfassungsgerichtliche Nachprüfbarkeit in der Urteilsverfassungsbeschwerde.

[299] *Zippelius*, Wertungsprobleme im System der Grundrechte, S. 199.

Fünftes Kapitel

Die thematische Abgrenzung des Art. 2 I GG von den Einzelfreiheitsrechten und das Messen freiheitsbegrenzender Gesetze an dem Grundrecht selbst – Schlußfolgerungen

I. Das Grundrecht des Art. 2 I GG in der Verfassungsbeschwerde

1. Die prozessuale Überlastung des Grundrechts des Art. 2 I GG nach der „Elfes"-Entscheidung (BVerfGE 6, 32 ff.)

Die Auslegung des Begriffs „verfassungsmäßige Ordnung" in Art. 2 I GG im Elfes-Urteil des Bundesverfassungsgerichts[1] als der Bestand derjenigen Gesetze, die „formell und materiell mit der Verfassung (außerhalb des Art. 2) voll vereinbar"[2] sind, brachte eine prozessuale Aufblähung des Grundrechts des Art. 2 I GG mit sich, die am besten mit den eigenen Worten des Gerichts charakterisiert wird:

> „Jedermann kann im Wege der Verfassungsbeschwerde geltend machen, ein seine Handlungsfreiheit einschränkendes Gesetz gehöre nicht zur verfassungsmäßigen Ordnung, weil es (formell oder inhaltlich) gegen einzelne Verfassungsbestimmungen oder allgemeine Verfassungsgrundsätze verstoße; deshalb werde sein Grundrecht aus Art. 2 Abs. 1 GG verletzt[3]."

Dieser Satz ließ sich unschwer so verstehen, daß allein die Behauptung eigenen Betroffenseins und davon unabhängigen Verstoßes gegen auch nur objektives Verfassungsrecht die Verletzung des Grundrechts des Art. 2 I GG indizierte[4]. Es waren im einzelnen folgende prozessuale Funktionen, um die Art. 2 I GG in der Folgezeit angereichert wurde:

1. Art. 2 I GG wurde zum prozessualen Rügerecht für alle *formell* verfassungswidrigen Normen, und zwar auch in denjenigen Fällen, in denen das wegen Form- oder Kompetenzmängeln nichtige Gesetz thematisch nicht den Art. 2 I GG in seinem Bereich als selbständiges Auffangrecht betraf, sondern andere Freiheitsrechte[5].

---

[1] BVerfGE 6, 32 ff.

[2] BVerfGE 9, 137 (146); 17, 306 (313).

[3] BVerfGE 6, 32 (41).

[4] Vgl. E. *Schumann*, Verfassungsbeschwerde, S. 159: „Art. 2 I GG schützt jedermann vor Eingriffen auf Grund formell oder materiell ungültiger Normen."

[5] BVerfGE 11, 105; 11, 192; 11, 234; vgl. dazu oben 3. Kap. I 2 b.

2. Art. 2 I GG wurde zum prozessualen Rügerecht auch bei materiellen Grundrechtsverstößen, die andere Freiheitsrechte betrafen[6].

3. Art. 2 I GG wurde zum prozessualen Rügebehelf nicht nur bei unmittelbarem Grundrechtsbetroffensein durch Gesetz, sondern auch bei Normenkollisionen unterhalb der Verfassung; z. B. Verstoß von Verordnungsrecht gegen Gesetzesrecht[7]; und zwar in folgenden zwei Fallagen:
   a) Wenn die als nichtig gerügte Norm sachlich dem Art. 2 I GG zuzuordnen wäre und
   b) wenn die als nichtig gerügte Norm sachlich einem sonstigen Freiheitsrecht zuzuordnen wäre[8].

4. Darüber hinaus konnte die über Art. 2 I GG erhobene Verfassungsbeschwerde bereits dann erfolgreich sein, wenn die Verletzung von Freiheitsrechten Dritter bei gleichzeitigem Betroffensein der Freiheitssphäre des Beschwerdeführers in seinem Grundrecht aus Art. 2 I GG ohne weitere Prüfung als Verletzung des Grundrechts des Art. 2 I GG qualifiziert wird.

Der eingangs[9] zitierte Satz der Elfes-Entscheidung im Zusammenhang mit der Judikatur des Gerichts, die den Begriff „verfassungsmäßig" in Art. 2 I GG interpretiert wissen will als vereinbar mit der Verfassung außerhalb von Art. 2 I GG selbst[10], könnten nämlich dazu führen, daß praktisch jedermann im Wege der Verfassungsbeschwerde über Art. 2 I GG rügen kann, ein seine Handlungsfreiheit auch nur im entferntesten berührender Akt[11] schränke seine allgemeine Handlungsfreiheit unzulässig ein, weil er gegen irgendwelche sonstigen Verfassungsnormen verstoße[12]. Damit wäre die Einzelaufzählung in § 90 I BVerfGG hinfällig gemacht; es hätte genügt, Art. 2 I GG als allein zu rügendes Recht zu nennen[13], um über einen so verstandenen Begriff der „verfassungsmäßigen Ordnung" jedwede materielle Verfassungsverletzung rügefähig zu machen.

Diese Verfassungsrechtsprechung ermöglichte es, durch Vorschieben einer Verletzung des allgemeinen Persönlichkeitsrechts des Art. 2 I GG

---

[6] BVerfGE 12, 296 ff. Zur Strafbarkeit parteipolitischer Betätigung *vor* Parteiverbot gem. § 90a StGB i. d. Fassung der Bekanntmachung vom 25. 8. 1953 — BGBl. I. S. 1083.

[7] BVerfGE 7, 111 ff. — Verstoß von Landesverordnungsrecht gegen Bundesverordnung.

[8] BVerfGE 7, 111 ff.

[9] 5. Kap. I 1.

[10] BVerfGE 9, 137 (146); 17, 306 (313).

[11] Vgl. Karl *Zeidler*, DÖV 54, 422.

[12] *Lerche*, Übermaß, S. 299 N. 158; *Ehmke*, VVDStRL 20, 84 f.

[13] *Lerche*, a.a.O.

die in Frage stehende Norm auch an sonstigen und lediglich objektivem Verfassungsrecht zu prüfen.

Die Verfassungsbeschwerde wird zur von § 90 BVerfGG erkennbar nicht gewollten[14] allgemeinen Popularnormenkontrolle[15].

2. Die einzelnen Fälle

a) Art. 2 I GG als prozessuales Rügerecht für alle formellen Verfassungsverstöße

Das Bundesverfassungsgericht hatte zunächst Art. 2 I GG als Rügebehelf für Form- und Zuständigkeitsmängel auch dann herangezogen, wenn für die anschließende sachlich-materielle Prüfung nicht Art. 2 I GG, sondern ein (thematisch einschlägiges) Einzelfreiheitsrecht in Betracht kam[16], ist es in neuerer Rechtsprechung[17] dazu übergegangen, auch die formelle Verfassungsmäßigkeit anhand des sachlich einschlägigen Freiheitsrechts zu prüfen. Damit ist die Funktion des Art. 2 I GG als Rügerecht bei formellen Verfassungsverletzungen auf formelle Fehlerhaftigkeiten in demjenigen Bereich reduziert, in dem Art. 2 I GG als selbständiges Auffangrecht thematisch einschlägig ist. Im Verfassungsbeschwerdeverfahren gemäß § 90 BVerfGG ist seither nicht nur die materielle Unvereinbarkeit einer gesetzlichen Regelung mit einem Einzelfreiheitsrecht rügefähig, sondern auch der Verstoß gegen formelles Verfassungsrecht, weil jede Regelung, die ein Einzelfreiheitsrecht erlaubt, immer auch in sonstiger Hinsicht verfassungsmäßig sein muß[18].

b) Art. 2 I GG als prozessuales Rügerecht selbst bei unmittelbarer Verletzung dritter Einzelfreiheitsrechte[19]

Das Herantragen von Schranken an das Grundrecht des Art. 2 I GG von außen her, die Heranziehung von Verfassungsrecht außerhalb von Art. 2 I GG als Maßstab zulässiger gesetzlicher Gestaltung im Bereich

---

[14] *Kleinmann*, Die Antragsberechtigung bei der Verfassungsbeschwerde gegen Gesetze, S. 4.

[15] *Zweigert*, JZ 52, 327; *Kleinmann*, a.a.O.

[16] BVerfGE 11, 105 (110/126); 11, 192 (198/202); 11, 234 (236/238); siehe oben 3. Kap. I 2 a.

[17] BVerfGE 9, 83 (87 f.); 13, 181 (190); 13, 230 (233); 13, 237 (239); 14, 105 (116); vgl. dazu die Darstellung oben 3. Kap. I 2 a.

[18] Das ist in den oben, a.a.O., N. 58—61 zitierten Entscheidungen des Gerichts nur für Art. 12 I GG entschieden, kann jedoch ohne Bedenken auch auf die übrigen Freiheitsrechte erstreckt werden. Befremdend wirkt in BVerfGE 13, 181 190) allerdings die Bezugnahme auf die Elfes-Entscheidung (E 6, 32), nachdem das Gericht in seiner vorangegangenen und inzwischen

des Art. 2 I GG wird besonders deutlich, wenn dieser „fremde“ Maßstab ein drittes Einzelfreiheitsrecht ist; freilich ist das dadurch bedingte „Leerlaufen“ des Art. 2 I GG in diesen Fällen leicht zu vermeiden, wenn man sich vergegenwärtigt, daß ein Gesetz, das thematisch einem Einzelfreiheitsrecht zuzuordnen ist, nicht zugleich auch das allgemeine Freiheitsrecht des Art. 2 I GG derselben Person gestalten kann. Das sei an einer Entscheidung des Bundesverfassungsgerichts[20] gezeigt, in der ein Grundrechtsträger in einem Einzelfreiheitsrecht betroffen war, nichtsdestoweniger dieser Verstoß des gerügten Gesetzes im anhängigen Verfassungsbeschwerdeverfahren lediglich zu der Feststellung führte, das Gesetz sei verfassungswidrig, gehöre deshalb nicht zur verfassungsmäßigen Ordnung i. S. des Art. 2 I GG und verletze deshalb das Grundrecht des Beschwerdeführers aus Art. 2 I GG.

Das Gericht geht bei dieser Entscheidung davon aus[21], Art. 21 GG stelle eine lex specialis gegenüber dem Grundrecht des Art. 9 GG dar. Es hält ferner die Auffassung für folgerichtig, daß das Parteienprivileg des Art. 21 II GG sich auch auf die parteioffizielle Tätigkeit der Funktionäre und Anhänger erstrecke[22] und stellt deshalb fest, die Freiheit der Parteigründung sei „verfassungsmäßig verbürgt“[23], so daß die Mitglieder nach Art. 21 GG mit allgemein erlaubten Mitteln im Namen der Partei an der Bildung des politischen Willens des Volkes mitwirken können[24].

Es bejaht ein subjektives Recht auf Parteigründung *und* parteiliche Betätigung[25]. Obwohl es aber dieses Grundrecht des Art. 21 GG für verletzt hält, erklärt es jedoch die Verfassungsbeschwerde nicht nach Art. 21 GG für begründet[26]. Es greift auch nicht auf das Grundrecht des Art. 9 I GG zurück, was von vornherein nahegelegen hätte, wenn es Art. 21 GG nicht als verfassungsbeschwerdefähiges Grundrecht heranziehen wollte, sondern es begnügt sich mit der Feststellung, § 90 a StGB sei wegen Verstoßes gegen Art. 21 GG nicht verfassungsmäßig, gehöre deshalb auch nicht zur „verfassungsmäßigen Ordnung“ i. S. des Art. 2 I GG und könne

---

aufgegebenen Rechtsprechung gerade unter derselben Bezugnahme die gegenteilige Auffassung vertreten hatte (vgl. BVerfGE 11, 234 (236)).

[19] BVerfGE 12, 196 ff.

[20] BVerfGE 12, 196 ff. — Zur Strafbarkeit parteipolitischer Betätigung vor dem Verbot der betr. Partei gem. § 90a StGB i. d. F. vom 25. 8. 1953 — BGBl. I S. 1083.

[21] a.a.O., S. 304.

[22] a.a.O., S. 305.

[23] a.a.O., S. 306.

[24] a.a.O., S. 306.

[25] Ebenso *Maunz-(Dürig)*, Kommentar, Art. 21 Randn. 93; *Seifert*, DÖV 56, 1 (5).

[26] Wohl deshalb, weil nach h. M. rügefähige Grundrechte i. S. des § 90 BVerfGG nur die im ersten Abschnitt des Grundgesetzes aufgezählten und die im weiteren genannten Grundrechte sind (vgl. *Maunz-Sigloch*, BVerfGG, § 90 Randn. 49).

aus diesem Grunde das Recht des Beschwerdeführers auf die freie Entfaltung seiner Persönlichkeit nicht wirksam einschränken[27].

Daß Art. 2 I GG hier nicht als das einschlägige Grundrecht herangezogen werden konnte, daß vielmehr, wenn nicht Art. 21 GG, so doch Art. 9 GG einschlägig war, ergibt sich allein aus einer sachlichen Abgrenzung, weil ein Gesetz, das Einzelfreiheitsrechte betrifft, den Bereich des Art. 2 I GG als selbständiges Auffangrecht denknotwendig nicht berühren kann.

Dem läßt sich auch nicht mit dem Hinweis begegnen, daß es sich hier um eine verdeckte Rechtssatz-Verfassungsbeschwerde gegen eine strafrichterliche Verurteilung handele, die letztlich immer die allgemeine Entfaltungsfreiheit betreffe. Denn man wird auch bei der verdeckten Rechtssatz-Verfassungsbeschwerde die Ermittlung des thematisch einschlägigen Freiheitsrechtes nicht an dem schließlich nackten Eingriffsakt (dem richterlichen Freiheitsentzug) orientieren dürfen, weil dann schließlich jede verdeckte Rechtssatz-Verfassungsbeschwerde gegen strafrichterliche Entscheidungen *nur* noch über Art. 2 I GG aufgezogen werden könnte. Die schließlich verhängte richterliche Freiheitsstrafe ist vielmehr nur ein sachlich unselbständiger Appendix und Ausdruck der Verletzung eines anderen Freiheitsrechts, etwa des Art. 12, 5 etc., sie ist nur die Fortsetzung bzw. Realisierung der Verletzung eines Einzelfreiheitsrechts, wegen dessen Ausübung der Verurteilte bestraft worden ist. Demzufolge enthält das Recht auf freie Meinungsäußerung nicht nur einen Anspruch darauf, an der Ausübung dieses Rechts nicht von vornherein gehindert zu werden, sondern auch den Anspruch, wegen einer Meinungsäußerung nicht mit einer Freiheits- oder Geldstrafe belegt zu werden.

Das bedeutet, daß der Entzug der persönlichen Freiheit, soweit er wegen der Betätigung eines Einzelfreiheitsrechts erfolgt ist, an *diesem* Grundrecht auf seine Zulässigkeit hin zu messen ist und nicht stets an Art. 2 I GG.

Auch das Bundesverfassungsgericht hat in einer Anzahl von Fällen nicht auf die Wirkung des bloßen nackten Eingriffsaktes abgestellt, sondern bei der Bestimmung des einschlägigen Freiheitsrechts auf den Grund der Beeinträchtigung abgehoben.

In einer Entscheidung vom 8. Januar 1959[28] hatte das Gericht über die Verfassungsbeschwerde eines Kaufmannes gegen eine strafgerichtliche

[27] Ähnlich BVerwGE 7, 125 ff.

[28] BVerfGE 9, 83 ff. (Arzneimittelfertigwarenurteil) — Leitsatz: „Eine Strafnorm, die der Durchsetzung eines gegen Art. 12 I GG verstoßenden Verbotes beruflicher Betätigung dient und ein auf ihr beruhendes Urteil verletzen Art. 12 I GG.“

Verurteilung zu befinden, die auf der Verordnung über die Herstellung von Arzneifertigwaren vom 11. Februar 1943[29] beruhte. Das Gericht erklärte die Verordnung wegen Verstoßes gegen Art. 12 I GG für verfassungswidrig, ebenso verstoße das die Bestrafung aussprechende Urteil gegen Art. 12 I GG,

„weil es das allgemeine Herstellungsverbot als ein neuer selbständiger Akt der staatlichen Gewalt gegenüber dem Beschwerdeführer verstärkt und bestätigt".

Das Urteil stellt schließlich fest:

„Die angefochtenen Urteile sind wegen Verstoßes gegen Art. 12 I GG aufzuheben[30]."

Ebenso befand das Gericht in der Entscheidung vom 22. Juni 1960[31]. Es beurteilte die strafrichterliche Entscheidung gleichermaßen wie das ihr zugrunde liegende Gesetz nach Art. 5 GG[32] und wies die Beschwerde als unbegründet ab.

Die Verfassungsbeschwerde, die sich als unmittelbare Rechtssatz-Verfassungsbeschwerde unmittelbar gegen ein Gesetz oder als verdeckte Rechtssatz-Verfassungsbeschwerde mittelbar gegen das die Verurteilung tragende Gesetz wendet, ist also stets auf dasjenige Freiheitsrecht zu gründen, das von dem direkt oder mittelbar angegriffenen Gesetz thematisch betroffen ist. Art. 2 I GG ist deshalb auch bei der verdeckten Rechtssatz-Verfassungsbeschwerde nur dann heranzuziehen, wenn das angegriffene Gesetz seinen Anwendungsbereich als selbständiges Auffang-Grundrecht berührt[33].

---

[29] RGBl. I S. 99.

[30] a.a.O., S. 88 f.; die Entscheidung ist insofern von besonderem Interesse, weil sie auf S. 88 die Frage aufgreift — sie freilich schließlich dahingestellt sein läßt — ob die Folgewirkung der strafrichterlichen Verurteilung nicht über den Eingriff in das Grundrecht des Art. 12 I GG hinaus einen weiteren Eingriff in das Recht des Art. 2 I GG enthalten kann, eine Frage, die m. E. verneint werden müßte. Auch der zum Nachteil des Angeklagten unrichtig interpretierte (jedoch wirksame und rechtmäßige) Rechtssatz, der dem Sachbereich des Berufsfreiheitsrechts zuzuordnen wäre, müßte bei der Interpretationsverfassungsbeschwerde gegen eine richterliche Verurteilung in eine persönliche Freiheitsstrafe die Heranziehung des Art. 12 I GG und nicht des Art. 2 I GG indizieren.

[31] BVerfGE 11, 234 ff.; verdeckte Rechtssatzverfassungsbeschwerde eines Angestellten gegen eine Verurteilung, die auf dem Gesetz über die Verbreitung jugendgefährdender Schriften vom 9. Juni 1953 — BGBl. I S. 243.

[32] a.a.O., S. 238.

[33] Für die unmittelbare Rechtssatz-Verfassungsbeschwerde: BVerfGE 10, 354 (363 f./369); 13, 230 (233) — andererseits 13, 237; 15, 235 (240 ff.); für die verdeckte Rechtssatz-Verfassungsbeschwerde: BVerfGE 18, 315; 19, 93 — andererseits 9, 83 (88); 11, 234 (236/238).

c) Art. 2 I GG als prozessuales Rügerecht bei grundrechtsfernen Normenkollisionen im thematischen Bereich von Einzelfreiheitsrechten

Am Beispiel des Beschlusses des Bundesverfassungsgerichts vom 3. Oktober 1957[34] sei nunmehr untersucht, ob es zutrifft, daß seit dem Elfes-Urteil auch grundrechtsfernste Normenkollisionen als mittelbare Verletzung stets des Grundrechts des Art. 2 I GG[35] im Verfassungsbeschwerdeverfahren zu rügen sind.

Das Gericht hatte hier über eine verdeckte Rechtssatz-Verfassungsbeschwerde gegen eine strafrichterliche Verurteilung zu entscheiden, die auf den §§ 1 und 2 der bayerischen Oberpolizeilichen Vorschriften über die öffentliche Verbreitung von Plakaten, Flugblättern und Flugschriften[36] beruhte.

Der Beschwerdeführer hatte mit anderen Angeklagten gemeinsam entgegen den Oberpolizeilichen Vorschriften von einem Kraftwagen aus Flugblätter politischen Inhalts auf die Straße geworfen, um sie so unter die Bevölkerung zu verteilen. In der Begründung seiner Verfassungsbeschwerde führte der BF aus, er fühle sich „in seinen Grundrechten" verletzt und benannte dabei ausdrücklich das Recht der freien Meinungsäußerung (Art. 5 GG)[37], womit er „nicht so sehr gegen die gerichtliche Entscheidung als solche, als vielmehr gegen die ihr zugrunde liegenden Oberpolizeilichen Vorschriften" zielte[38]. Das Gericht gab der Beschwerde statt; es erklärte die Oberpolizeilichen Vorschriften wegen fehlender Kompetenz des Landesgesetzgebers für verfassungswidrig und nichtig, weil sie gegen die Straßenverkehrsordnung[39] und die Straßenverkehrszulassungsordnung[40] verstießen, die beide am 7. 9. 1949 nach Art. 125, 74 Nr. 22 GG Bundesrecht geworden waren und die ausschließliche Regelung des Straßenverkehrsrechts enthielten (§ 45 StVO, § 69 StVZO).

Die Beschwerdebegründung faßt das Bundesverfassungsgericht wie folgt auf:

Der Beschwerdeführer habe praktisch nur geltend machen wollen, er sei ohne gesetzliche Grundlage, nämlich auf Grund einer nicht mehr

[34] BVerfGE 7, 111 ff.
[35] So E. *Schumann*, Verfassungsbeschwerde, S. 189.
[36] In der Fassung vom 8. Mai 1929 — GVBl. S. 58.
[37] BVerfGE 7, 115, 116.
[38] a.a.O., S. 115.
[39] Vom 13. 11. 1937 (RGBl. I S. 1179).
[40] Vom 13. 11. 1937 (RGBl. I S. 1215) in der Fassung der Verordnung vom 28. 1. 1944 (RGBl. I S. 48) und des Gesetzes des Wirtschaftsrates des Vereinigten Wirtschaftsgebietes vom 3. 9. 1948 (WiGBl. S. 89).

gültigen Norm bestraft worden; er rüge also im Grunde nur eine Verletzung des Art. 2 I GG durch die strafrichterliche Entscheidung. Dabei sei es ohne Bedeutung, ob die der Entscheidung zugrunde liegende Vorschrift gerade wegen eines Verstoßes gegen das Grundrecht der freien Meinungsäußerung nichtig sei oder aus anderen Gründen[41].

Hieran sei angeknüpft:

Es war bereits gezeigt worden, daß das Bundesverfassungsgericht[42] bei der Bestimmung des thematisch einschlägigen Grundrechts zutreffend nicht auf den schließlichen nackten Eingriffsakt abhebt, sondern auf das Freiheitsrecht, dessen Betätigung durch die richterliche Handlung verfolgt ist. Diese Auffassung ist auch bei dem hier zu entscheidenden Falle zugrunde zu legen, weil sich für eine unterschiedliche Behandlung kein Anlaß findet. Es trifft nicht zu, daß der Beschwerdeführer, der sich gegen eine richterliche Bestrafung unter Zugrundelegung einer nichtigen Norm wendet, „im Grunde nur eine Verletzung des Art. 2 I GG" in Form des schließlichen Entzuges persönlicher Freiheit wendet. Vielmehr ist die Verfassungsbeschwerde gegen eine richterliche Verurteilung, die auf einer mit einer höherrangigen Norm unter Verfassungsrang kollidierenden und deshalb nichtigen Norm beruht, auf dasjenige Freiheitsrecht zu gründen, das durch die die richterliche Verurteilung tragende Norm thematisch betroffen ist. Deshalb trifft es auch nicht zu, wenn das Gericht ausführt, es sei „ohne Bedeutung, ob die der Entscheidung zugrunde liegende Vorschrift gerade wegen eines Verstoßes gegen das Grundrecht der freien Meinungsäußerung nichtig sei oder aus anderen Gründen"[43]. Da ein unmittelbarer Verstoß gegen Art. 5 GG oder ein anderes Freiheitsrecht in dem hier vorliegenden Falle nicht zu prüfen war, weil die §§ 1, 2 der Oberpolizeilichen Vorschriften gegen die Straßenverkehrsordnung des Bundes verstießen und *deshalb* nichtig waren, konnte die Frage nur sein, *welches* Grundrecht durch diese nichtige Norm unter Verfassungsrang mittelbar verletzt war. Das ist zu entscheiden nach dem sachlichen Betreff eben *dieser* nichtigen Norm.

Wie aus ihrem Wortlaut zu ersehen ist, richteten sich die §§ 1, 2 der Oberpolizeilichen Vorschriften[44] auch gegen das Recht der freien Meinungsäußerung (Art. 5 GG). Da dieses Einzelfreiheitsrecht dem der freien Entfaltung der Persönlichkeit des Art. 2 I GG vorgeht, wäre bei

---

[41] BVerfGE 7, 115, 116, 120.

[42] BVerfGE 9, 83 ff.; 11, 234 ff.; die Entscheidung BVerfGE 12, 296 ff. mag hier außer Betracht bleiben, weil das Gericht hier möglicherweise — das wird im Urteil nicht gesagt, — die Verfassungsbeschwerde über Art. 21 GG nicht als möglich ansah, weil Art. 21 GG nicht zu den nach § 90 BVerfGG rügefähigen Grundrechten gehört.

[43] a.a.O., S. 115.

[44] Wiedergegeben a.a.O., S. 115 f.

einer Prüfung der Oberpolizeilichen Vorschrift direkt und unmittelbar am Maßstab der Grundrechte das Grundrecht des Art. 5 GG thematisch heranzuziehen gewesen[45]. Daß das Gericht hier gar nicht zur Feststellung einer materiellen Unvereinbarkeit gelangte, sondern die mangelnde Kompetenz des Landesgesetzgebers im Hinblick auf § 45 StVO und § 69 StVZO als Hebel wählte, um die Oberpolizeilichen Vorschriften zu Fall zu bringen, hätte die Anwendung des Art. 5 GG anstelle des Art. 2 I GG ebenfalls nicht ausgeschlossen.

Nach neuerer Rechtsprechung des Gerichts[46] muß auch eine Normsetzung im Bereich der Einzelfreiheitsrechte stets auch formell verfassungsmäßig sein, d. h. Kompetenz- und Formmängel sind über das thematisch einschlägige Einzelfreiheitsrecht zu prüfen[47]. Als Ergebnis ist festzustellen, daß die Verfassungsbeschwerde gegen eine Entscheidung, die auf einer mit höherrangigem Recht unter Verfassungsrecht kollidierenden und darum nichtigen Rechtsvorschrift beruht, nur dann auf Art. 2 I GG gestützt werden darf, wenn die nichtige Norm für den Fall, daß sie unmittelbar an Grundrechten gemessen würde, dem Art. 2 I GG als selbständiges Auffanggrundrecht zuzuordnen gewesen wäre.

d) Art. 2 I GG als prozessuales Rügerecht in Fällen der Verletzung von Grundrechten Dritter bei gleichzeitigem Betroffensein des Verfassungsbeschwerdeführers

Schließlich sind diejenigen Fälle zu untersuchen, in denen durch ein- und dieselbe gesetzgeberische Maßnahme mehrere Personen in unterschiedlichen Freiheitsrechten betroffen sind; hier könnte eine auf die Verletzung des Art. 2 I GG gegründete Verfassungsbeschwerde schon dann für begründet gehalten werden, wenn es genügte, das Betroffensein im eigenen Recht aus Art. 2 I GG und die Nichtigkeit der gesetzlichen Regelung wegen Verstoßes gegen das einem Dritten zustehende Einzelfreiheitsrecht darzutun.

Was damit gemeint ist, sei an den Entscheidungen des Bundesverfassungsgerichts zur Verfassungsmäßigkeit des Ladenschlußgesetzes[48] und des Personenbeförderungsgesetzes[49] dargetan.

---

[45] Das entspricht auch der Forderung nach einer vorsichtig extensiven Interpretation der Einzelfreiheitsrechte (Maunz)-*Dürig*, Kommentar, Art. 2 I GG Randn. 10).

[46] BVerfGE 9, 83 (87 f.); 13, 181 (190); 13, 237 (239); 14, 105 (106).

[47] Dazu vgl. oben 3. Kap. I 2 a.

[48] Vgl. BVerfGE 13, 230 ff.; 13, 237 ff.; die Ladeninhaber sind in ihrem Grundrecht aus Art. 12 GG betroffen (*Maunz*, StR, S. 104; *Ipsen*, DVBl. 1950, S. 385), die Kunden in dem Grundrecht auf freie Entfaltung aus Art. 2 I GG.

[49] BVerfGE 17, 306 ff. (Mitfahrerzentralenurteil); die berufsmäßigen Fahr-

Für diese Fallgruppe sind Eingrenzungsversuche insbesondere vom Boden des Prozeßrechts her unternommen worden.

Sie fußen auf dem Wortlaut des § 90 BVerfGG, der die Verfassungsbeschwerde nur dann zuläßt, wenn der Beschwerdeführer behauptet, in einem seiner Grundrechte verletzt zu sein.

Entgegen der Rechtsprechung des Bundesverfassungsgerichts, das nach einem zulässig eingeleiteten Verfassungsbeschwerdeverfahren die angefochtene Bestimmung auch insoweit überprüft, als eine Verletzung eigener Rechte des Beschwerdeführers nicht in Betracht steht[50], soll die Nachprüfung auf die in § 90 BVerfGG aufgeführten Rechte begrenzt werden[51]. Für die Verfassungsbeschwerde unmittelbar gegen Gesetze[52] und auch für die verdeckte Rechtssatz-Verfassungsbeschwerde wird die Nachprüfung der angefochtenen Bestimmung lediglich am Maßstabe des vom Beschwerdeführer geltend gemachten und ihm zustehenden Grundrechts vorgenommen. Verletzt im Sinne des § 90 I BVerfGG soll der Beschwerdeführer durch einen Hoheitsakt nicht schon dann und nicht nur dann sein, wenn der Akt

1. ihn in einem seiner Grundrechte beeinträchtigt,

2. dieser Akt zugleich rechtswidrig, verfassungswidrig oder grundrechtswidrig ist.

Es muß vielmehr der Beschwerdeführer gerade aus dem *ihm* zustehenden Grundrecht einen Anspruch gegenüber der öffentlichen Gewalt auf Unterlassung der ihn beeinträchtigenden Normsetzung haben[53]; die Nichtigkeit der Vorschrift muß mit anderen Worten eine Folge des Verstoßes gegen eine dem Beschwerdeführer zustehende grundrechtliche Norm sein[54]. Die hier untersuchte Fallgruppe weist die Besonderheit auf,

---

tenvermittler sind in ihrem Berufsfreiheitsrecht (Art. 12 GG), die Mitfahrer in ihrem Recht auf freie Entfaltung aus Art. 2 I GG, die Eigentümer und andere Verfügungsberechtigte über Personenkraftwagen in ihrem Eigentumsrecht (Art. 14 GG) betroffen — anders freilich für letztere BVerfGE 13, 313: Art. 2 I GG.

[50] BVerfGE 7, 63 (70).

[51] *Maunz-Sigloch-Schmidt/Bleibtreu-Klein*, BVerfGG, § 90 Randn. 39 N. 2.

[52] *Bettermann*, AöR 86, 129 (176 f.).

[53] Sogen. „Normunterlassungsanspruch" — *Bettermann*, AöR 86, 176.

[54] *Schumann*, Verfassungsbeschwerde, S. 180, der aber Bettermanns These den Satz anfügt: „... oder aber es ist erforderlich, daß zur Verletzung objektiven Rechts der spezifische Angriff gegen ein Grundrecht hinzukommt, weil dieses Recht nur durch eine gültige Norm eingeschränkt werden kann (z. B. Art. 2 I, 12 I GG)". Dabei wird dem Grundrecht des Art. 2 I GG jede spezifische Aussagekraft aberkannt, Art. 2 I GG sei hier „zumeist ohne jede Aussagekraft". Eine Abgrenzung der Freiheitsrechte von ihrem Thema her, so wie sie oben vorgenommen wurde, muß in diesem Punkte zu einem anderen Ergebnis kommen.

daß eine thematische Abgrenzung hier nicht weiterhelfen kann, weil der oben aufgestellte Satz, daß im Verhältnis des Art. 2 I GG zu den Einzelfreiheitsrechten eine Norm stets *nur* dieses *oder* jenes Freiheitsrecht thematisch betreffen könne, weil Art. 2 I GG als das allgemeine Recht gegenüber dem besonderen Einzelfreiheitsrecht rezessiv sei, immer nur für die Freiheit ein- und derselben Person gelten kann.

Hingegen kann ein Gesetz, das eine Person in ihrem Berufsfreiheitsrecht oder einem anderen Einzelfreiheitsrecht betrifft, eine *andere* Person durchaus in ihrem Recht auf die freie Entfaltung der Persönlichkeit (Art. 2 I) berühren.

Der eingangs dieser Untersuchung zitierte Satz der Elfes-Entscheidung[55] hatte an sich gerade in Hinblick auf die hier untersuchte Fallgruppe Bedenken erweckt[56]; sie haben sich indes nicht bestätigt.

Soweit ersichtlich, hat das Bundesverfassungsgericht in nicht einem Falle eine Verletzung des Grundrechts des Art. 2 I GG allein damit begründet, daß ein Gesetz die Berufsfreiheit einer anderen nicht beschwerdeführenden Person verletze, deshalb nicht verfassungsmäßig sei und daß deshalb der tatbestandsmäßig in seinem Recht auf freie Entfaltung betroffene Beschwerdeführer in seinem Grundrecht auf freie Entfaltung verletzt sei.

Eine solche Argumentation hätte gerade in den beiden eingangs zitierten einschlägigen Entscheidungen[57] nahegelegen; das Gericht hat hier dennoch auffallend deutlich auf Art. 2 I GG selbst abgehoben, und es hat die Vorschriften des Ladenschlußgesetzes im Falle der Verfassungsbeschwerde der beiden Ladenkundinnen gegen das Ladenschlußgesetz gerade an Art. 2 I GG *selbst* gemessen. Der Einwand der Kundinnen, die Regelung der Ladenschlußzeiten durch Gesetz sei überflüssig, wird vom Gericht unter dem Gesichtspunkt des Mißbrauchs der Gesetzgebungsmacht gewürdigt und für die Feststellungen wird der Grundsatz der Verhältnismäßigkeit und Erforderlichkeit herangezogen. Ein Mißbrauch, so führt das Gericht aus, könne nur dann vorliegen, wenn sich für eine gesetzliche Regelung *kein sachlicher Grund* finden ließe. Das sei jedoch nicht der Fall; das Ladenschlußgesetz beschränke die Handlungsfreiheit nicht in *unzumutbarer* oder *übermäßig belastender* Weise[58]. Der Ver-

[55] BVerfGE 6, 32 ff.: „Jedermann kann im Wege der Verfassungsbeschwerde geltend machen, ein seine Handlungsfreiheit einschränkendes Gesetz gehöre nicht zur verfassungsmäßigen Ordnung, weil es (formell oder inhaltlich) gegen einzelne Verfassungsbestimmungen oder allgemeine Verfassungsgrundsätze verstoße; deshalb werde sein Grundrecht aus Art. 2 I GG verletzt."

[56] Vgl. bei *Lerche*, Übermaß, S. 299 N. 158; *Ehmke*, VVDStRL 20, 84 f.

[57] BVerfGE 13, 230 ff.; 13, 237 ff.

[58] BVerfGE 13, 230 (234/235).

such, der in der übrigen Rechtsprechung des Gerichts zweifellos gegebenen Gefahr des „Leerlaufens“ des Grundrechts des Art. 2 I GG in den hier in Betracht gezogenen Fällen durch ein Messen der in Betracht stehenden Gesetze an den Einzelfreiheitsrechten außerhalb von Art. 2 I GG selbst vorzubeugen, hätte auch an der Schrankensystematik der Freiheitsrechtsschranken scheitern müssen.

Die differenzierende Freiheitsgewährung durch die verschiedenen Freiheitsrechte für bestimmte Sozialbereiche, verbietet es, bestimmte Gesetze, etwa das Ladenschlußgesetz an der Regelungsschranke des Art. 12 I GG zu messen und dann ohne weitere Prüfung am Maßstab des Art. 2 I GG selbst es als der „verfassungsmäßigen Ordnung“ i. S. des Art. 2 I zugehörig zu erklären. Es würden nämlich damit Umfang und Grenzen des Rechts auf die freie Entfaltung der Persönlichkeit lediglich unter Zuhilfenahme der Grundrechtsschrankenvorbehalte dritter Einzelfreiheitsrechte bestimmt; d. h. es würden thematische Freiheitsbereiche, die der Verfassunggeber der Schrankentrias des „Soweit“-Satzes des Art. 2 I GG unterstellt hat, nicht durch Art. 2 I GG und die ihm beigegebenen Schranken, sondern durch ein Einzelfreiheitsrecht und die ihm beigegebenen besonderen Schranken bestimmt. Art. 2 I GG liefe auch in diesem Falle leer. Das hiermit erzielte Ergebnis leuchtet auch vom praktischen Falle her gesehen ein.

Die Verkürzung der Ladenschlußzeiten etwa um eine Stunde kann für den Ladeninhaber u. U. eine kaum noch tragbare Belastung darstellen, so daß eine Verletzung seines Berufsfreiheitsrechts aus Art. 12 GG weit eher indiziert wäre als eine Verletzung des Grundrechts des Art. 2 I GG auf Seiten der Ladenkunden, die dann möglicherweise noch immer hinreichend Zeit finden könnten, um ihre Einkäufe zu machen.

Mit der vorstehenden Untersuchung sollte gezeigt werden, daß bei den erörterten Fallgruppen neben verfassungsprozessualen Erwägungen eine konsequente thematische Abgrenzung des Art. 2 I GG von den Einzelfreiheitsrechten sowie die Beachtung der differenzierenden Freiheitsgewährung und -verweigerung durch die unterschiedlichen Grundrechtsvorbehalte einer Aufblähung des Art. 2 I GG zum prozessualen Rügerecht diverser Grundrechts- und Verfassungsverletzungen entgegengewirkt werden kann.

Es ist dies ein Versuch, die Bedeutung des Art. 2 I GG im Verfassungsbeschwerdeverfahren auf ein Maß zurückzuführen, wie es auch den übrigen Freiheitsrechten des Grundgesetzes in diesem Verfahren zukommt, weil dies Voraussetzung dafür zu sein scheint, daß das Grundrecht des Art. 2 I GG auch seine Bedeutung als effektives und materiell selbständiges Grundrecht wiedererlangt.

II. Materiell-rechtliche Schlußfolgerungen und Auswirkungen in der Rechtsprechung zu Art. 2 I GG

Eine konsequente Anwendung der obenstehend wiedergegebenen Grundsätze der verfassungsgerichtlichen Rechtsprechung zu Art. 2 I GG, ein nachhaltiges Fragen nach der „Notwendigkeit" freiheitsbeschränkender Gesetze und nach dem Grade der Beeinträchtigung, der Verhältnismäßigkeit des Eingriffs kann eine Bestandaufnahme unter den geltenden Gesetzen zur Folge haben, die bereits in der jüngsten einschlägigen Entscheidung des Bundesverfassungsgerichts zum Sammlungsgesetz[59] zur Verwerfung des Gesetzes führte.

Es sei darauf hingewiesen, daß die Grundleitlinien dieser Entscheidung bereits in der früheren Rechtsprechung des Gerichts angeklungen und in neuerer Zeit bereits deutlich ausgesprochen worden sind.

So finden sich in dem Beschluß des Ersten Senats vom 25. 2. 1960[60] die folgenden Sätze:

„Die Maßstäbe für die Beurteilung der Verfassungsmäßigkeit der Vorschrift sind der allgemeinen Freiheitsgarantie des Art. 2 I GG zu entnehmen. Damit stellt sich die Frage, ob Art. 47 I VersG als Bestandteil der verfassungsmäßigen Ordnung angesehen werden, die jene Freiheit begrenzt (BVerfGE 6, 32 [38 ff.]; 10, 89 [102])."

Zu dem Argument des Verfassungsbeschwerdeführers, Art. 47 I VersG[61] widerspreche der Absicht des Grundgesetzes, das Eindringen des Staates in die privatwirtschaftliche Betätigung des Einzelnen auf Fälle unabweisbarer Notwendigkeit zu beschränken, nimmt das Gericht dann wie folgt Stellung:

„Der rechtliche Gehalt dieses Arguments im Rahmen des Art. 2 I GG ist darin zu sehen, daß . . . die hier betroffene gesetzliche Regelung den einen notwendigen Bestandteil des Rechtsstaatsgedankens bildenden Grundsatz der Verhältnismäßigkeit verletzt, da sie ohne zwingenden Grund über das Maß der bei einem freien Beruf zulässigen Freiheitsbeschränkung hinausgehe. Der Einwand ist unberechtigt . . . Denn es entspricht sozialem Denken . . . , daß auch diese Berufsangehörigen durch ihre Beiträge die Versorgung der wirtschaftlich schwächeren Berufsgenossen sicherstellen helfen. Ein Gesetz, das die Freiheit des Einzelnen nur soweit einschränkt, als erforderlich ist, um gerade diesen sozialen

---

[59] NJW 66, 1651.

[60] BVerfGE 10, 354 (363/364) — Pflichtmitgliedschaft in Bayern tätiger Ärzte bei der bayerischen Ärzteversorgung.

[61] Bayerisches Gesetz über das öffentliche Versicherungswesen (Versicherungsgesetz) v. 7. 12. 1933 (Bay BS I S. 242).

Gedanken zur Geltung zu bringen, verletzt das Prinzip der Verhältnismäßigkeit nicht[62]." Hier liegt unverkennbar ein erheblicher Unterschied zu der bisher geschilderten Rechtsprechung vor, wobei die Bezugnahme auf das Elfes-Urteil, das ja nach ausdrücklichem Bekenntnis beider Senate des Gerichts[63] das genaue Gegenteil besagen soll, nämlich Meßbarkeit des in Betracht stehenden Gesetzes an der Verfassung *außerhalb* des Art. 2 I GG, Verwirrung zu verursachen geeignet ist.

Auch in seiner Entscheidung vom 14. 5. 1961[64] beurteilt das Gericht die Zulässigkeit eines Eingriffs in die allgemeine Handlungsfreiheit nicht am Maßstabe der Verfassung außerhalb von Art. 2 I GG, sondern an Art. 2 I GG selbst, wenn es ausführt:

„Art. 2 Abs. 1 GG gewährleistet die allgemeine Handlungsfreiheit ... Dieser Schutz wird aber nur innerhalb der Schranken der verfassungsmäßigen Ordnung gewährleistet ... Die Auferlegung einer Steuer berührt zwar die wirtschaftliche Freiheit des Einzelnen, sie greift aber nicht in den durch Art. 2 I GG geschützten Bereich ein, wenn dem Betroffenen *angemessener* Spielraum verbleibt, sich als verantwortlicher Unternehmer wirtschaftlich frei zu entfalten[65]."

In ähnlicher Weise argumentiert das Gericht in der bereits zitierten Entscheidung vom 29. 11. 1961[66] über das Ladenschlußgesetz[67]. Der Einwand der Kundinnen, die Regelung des Gesetzes sei überflüssig, heißt es hier, könne einen Mißbrauch der Gesetzgebungsmacht dann darstellen, wenn sich für eine gesetzliche Regelung *kein sachlicher Grund* finden ließe. Jedoch beschränke das Gesetz die Handlungsfreiheit nicht in *unzumutbarer* oder *übermäßig belastender* Weise[68]. In der Entscheidung vom 19. 12. 1962[69] über die Verfassungsbeschwerde einer Kommanditgesellschaft gegen §§ 1, 2 und 9 des Gesetzes zur vorläufigen Regelung des Rechts der Industrie- und Handelskammern[70] mißt es die Zulässigkeit der Bestimmungen über die Pflichtzugehörigkeit zu den Industrie- und Handelskammern ebenfalls an Art. 2 I GG selbst, indem es auf die Verhältnismäßigkeit des Eingriffs abstellt. Nach der Feststellung, daß an der Erfüllung der den Industrie- und Handelskammern obliegenden Aufgaben ein *erhebliches öffentliches Interesse* bestehe, führt es aus,

---

[62] Vgl. a.a.O., S. 364/369.

[63] BVerfGE 17, 306 (313) — Erster Senat —; BVerfGE 9, 137 (146) — Zweiter Senat —.

[64] BVerfGE 12, 341 (347).

[65] Kursiv vom Verfasser.

[66] BVerfGE 13, 230 (234/235).

[67] Vom 28. 11. 1956 (BGBl. I S. 875) in der Fassung des Gesetzes vom 17. 7. 1957 (BGBl. I S. 722) und des Gesetzes vom 14. 11. 1960 (BGBl. I S. 845).

[68] Kursiv vom Verfasser.

[69] BVerfGE 15, 235 ff.

[70] Gesetz vom 18. 12. 1956 (BGBl. I S. 920).

zur Erfüllung dieser Aufgaben „war es *sinnvoll*, ja *notwendig*, ihre Organisation auf dem Prinzip der Pflichtmitgliedschaft aufzubauen“[71] und fährt dann fort:

„Dieser im *öffentlichen Interesse liegenden sachlichen Notwendigkeit* des Organisationszwanges gegenüber ist die aus ihm sich ergebende Freiheitsbeschränkung der Mitglieder unbedeutend[72]“ und:

„Das Bundesverfassungsgericht vermag nach alledem nicht festzustellen, daß der Gesetzgeber . . . die Freiheit der Betroffenen in einer über das *sachgerechte* Maß hinausgehenden Weise beschränkt habe. Er hat somit die Grenzen der verfassungsmäßigen Ordnung nicht überschritten[73].“ In der Reihe dieser Entscheidungen kommt auch dem sog. Mitfahrerzentralen-Urteil vom 7. 4. 1964[74] Bedeutung zu[75]. In dieser Entscheidung stützt sich das Gericht auf die Verletzung des Grundsatzes der Rechtsstaatlichkeit, macht dann allerdings in der Begründung Ausführungen, die in ihrer Tragweite darüber hinausgehen. Nachdem es festgestellt hat, das Verbot der Mitnahme verletze Eigentümer und andere Verfügungsberechtigte in ihrem Grundrecht aus Art. 2 I GG,

„Das einschränkende Gesetz müßte folglich Bestandteil der verfassungsmäßigen Ordnung sein, d. h. es müßte formell und inhaltlich mit der Verfassung (*außerhalb* des Art. 2 GG) voll vereinbar sein (vgl. dazu BVerfGE 6, 32 (36 ff., bes. 41) . . .[76].“

fährt es fort:

Hatte es insoweit den Anschein, als solle an der in BVerfGE 6, 32 ff. begründeten Rechtsprechung unverändert festgehalten werden, so wird dies durch die folgenden Ausführungen des Gerichts widerlegt:

„Der Grundsatz der Rechtsstaatlichkeit verlangt namentlich wenn er in Verbindung mit der allgemeinen Freiheitsvermutung des Art. 2 I GG zum Ausdruck kommt, *daß der Einzelne vor unnötigen Eingriffen der öffentlichen Gewalt bewahrt bleibt*[77].“

Nach einer Prüfung, „welche Gründe des öffentlichen Wohls das Verbot rechtfertigen sollen“[78], kommt das Gericht schließlich zu dem Ergebnis, das Verbot der öffentlich vermittelten Mitnahmefahrten stelle somit ein objektiv *ungeeignetes Mittel* zur Erreichung des angegebenen *Zwecks* der Regelung dar; deshalb liege ein unzumutbarer Eingriff in

[71] a.a.O., S. 242; kursiv vom Verfasser.
[72] a.a.O., S. 243; kursiv vom Verfasser.
[73] a.a.O., S. 244; kursiv sämtlich vom Verfasser.
[74] BVerfGE 17, 306 ff.
[75] Vgl. *Evers*, AöR 90, 91.
[76] Kursiv vom Verfasser.
[77] Kursiv vom Verfasser.
[78] a.a.O., S. 315.

die Freiheit des Kraftwagenbesitzers vor“[79]. Die Bezugnahme auf das Elfes-Urteil[80] in den Gründen und damit auch die Auffassung, daß das in Betracht stehende Gesetz an der Verfassung nur *außerhalb* von Art. 2 I GG zu messen sei einerseits, und Ausführungen in den Gründen, die in erster Linie auf den Grundsatz der Verhältnismäßigkeit, also ein Messen an Art. 2 I GG selbst abstellen, zeigen geradezu eine Umkehr innerhalb derselben Entscheidung auf.

Diese Rechtsprechung wird auch in jüngeren Entscheidungen zu Art. 2 I GG fortgesetzt:

In der Entscheidung über die Zulässigkeit einer Marktordnung für bestimmte Produkte (Milchmarktordnung)[81] argumentiert das Gericht:

„Diese Einschränkungen der wirtschaftlichen Betätigungsfreiheit sind zulässig, soweit überwiegende Gründe des Gemeinwohls die Einführung einer Marktordnung rechtfertigen oder gar gebieten.“

In seiner Entscheidung zur Verfassungsmäßigkeit der Zwangspflegschaft gemäß § 1910 III BGB[82] führt das Gericht schließlich unter sichtbarer Anknüpfung an das Investitionshilfeurteil[83] aus, der Einzelne müsse sich diejenigen Schranken seiner Handlungsfreiheit gefallen lassen, die der Gesetzgeber zur Pflege des sozialen Zusammenlebens in den Grenzen des bei dem geregelten Sachverhalt allgemein *Zumutbaren* zieht, vorausgesetzt, daß dabei die Eigenständigkeit der Person gewahrt bleibe. Die Zwangspflegschaft stelle als zulässige herkömmliche Schutzeinrichtung *eine den Aufgaben nach begrenzte* Fürsorge für den Gebrechlichen dar, die ihn nicht mehr belaste, als die Umstände des Einzelfalles und die *Erfordernisse* des sozialen Zusammenlebens es erforderten.

Man wird dem wiederholten Abweichen des Gerichts von seiner im Elfes-Urteil begründeten Rechtsprechung kaum den Charakter zufälliger Unabsichtlichkeiten zumessen können. Dafür sind die damit aufgerissenen Diskrepanzen zu offensichtlich und auch unüberbrückbar. Sollte allerdings das Gericht beabsichtigen, gewissen Folgen seiner bisherigen Rechtsprechung nach dem Vorbild des Elfes-Urteils, insbesondere dem Bedenken des „Leerlaufens“ des Grundrechts des Art. 2 I GG aus dem Wege zu gehen, so wird sich ein deutlicheres Abstandnehmen von der Elfes-Entscheidung kaum vermeiden lassen; zumindest aber sollten dann unnötige und verwirrende Bezugnahmen auf die ihm folgende Rechtsprechung vermieden werden.

---

[79] a.a.O., S. 317; kursiv vom Verfasser.
[80] BVerfGE 6, 32 ff.
[81] Vom 27. 1. 1965 — BVerfGE 18, 315.
[82] BVerfGE 19, 93 (96).
[83] BVerfGE 4, 7 (15).

Es erweist sich hier einerseits der Grundsatz der Güterabwägung als die adäquate Methode, festzustellen, ob ein staatlicher „Eingriff" überhaupt „erforderlich"[84] ist[85]. Jedoch erschöpft sich hierin die Bedeutung einer wertenden Grundrechtsinterpretation nicht, sie wirkt auch in das „wie" der zu treffenden Regelung hinein und produziert so den Grundsatz der Verhältnismäßigkeit einer Regelung. Güterabwägung und Verhältnismäßigkeitsgedanke sind also nicht identisch[86]. Beide Prinzipien haben jedoch gemeinsam, daß sie Ausdruck wertender Erkenntnis sind[87]. Mit v. Krauss[88] wird man den Grundsatz der „Erforderlichkeit" für die Beurteilung des „ob" eines „Eingriffs" heranzuziehen haben, während der Grundsatz der Verhältnismäßigkeit die differenzierende Gestaltung im Detail, das „wie" einer an sich notwendigen Regelung betrifft[89]. So ist es zu erklären, daß eine bestimmte konkrete Maßnahme, die sich nach erfolgter Güterabwägung zur Durchsetzung eines Sozialinteresses gegenüber einem Individualanliegen als erforderlich erweisen könnte, dennoch unverhältnismäßig sein kann[90], weil nämlich andere vorhandene Mittel, die zur Erreichung des — im Hinblick auf die Aufgabenerfüllung gesehen — zu billigenden Erfolges vorhanden sind[91]. Es ist daher die Frage der „Erforderlichkeit"= Notwendigkeit, d. h. die Frage des „ob" einer gesetzgeberischen Gestaltung stets vorab zu prüfen. Erst wenn sie bejaht wurde, kann über ihre Angemessenheit im Hinblick auf das „wie", nämlich über die Verhältnismäßigkeit der Maßnahme befunden werden[92]. Die Notwendigkeit des Abwägens der beteiligten Interessen besteht nach der hier vertretenen Auffassung auch bei der Prüfung, ob ein „Eingriff" überhaupt möglich, ob also die gesetzgeberische Gestaltung eines bestimmten sozialen Tatbestandes überhaupt zulässig ist. Das Verständnis der Verfassung als Bestand bestimmter einander zugeordneter und einander begrenzender Rechtsgüter bringt es mit sich, daß bereits bei der Frage der Erforderlichkeit einer Regelung die beteiligten Verfassungsrechtsgüter gegeneinander abzuwägen sind. Hier wird auch

[84] (Maunz)-*Dürig*, Kommentar, Art. 2 I Randn. 61; *v. Krauss*, Der Grundsatz der Verhältnismäßigkeit, S. 16.

[85] So bereits *Kaufmann*, VVDStRL 4, 77 (81 f.); *Smend*, Staatsrechtliche Abhandlungen, S. 96 ff.

[86] *v. Krauss*, Der Grundsatz der Verhältnismäßigkeit, erklärt dies für den Grundsatz der Erforderlichkeit, für den hier „Güterabwägung" steht und sein Verhältnis zum Verhältnismäßigkeitsgrundsatz.

[87] Nur aus diesem Grunde lassen sich beide, wie *Lerche*, Übermaß, S. 21, dies tut, unter der Bezeichnung „Übermaßverbot" zusammenfassen.

[88] a.a.O., S. 44.

[89] *Wintrich*, *Apelt*-Festschrift, S. 7.

[90] *v. Krauss*, a.a.O., S. 15.

[91] *Forsthoff*, Festschrift 45 Dt. J. T. 1964, S. 51 bezieht auch die Prüfung der „Notwendigkeit" einer Maßnahme in das Gebot der Verhältnismäßigkeit mit ein.

[92] *Zippelius*, DVBl. 56, 352 (353); *Häberle*, Die Wesensgehaltsgarantie, S. 67.

durchaus das Individualinteresse gegenüber dem öffentlichen Interesse gelegentlich nicht nur nicht zurückzuweichen brauchen, sondern auch obsiegen können[93]. Es sei nur in diesem Zusammenhange an die Gesetzgebung zur Aufhebung der Wohnungszwangswirtschaft gedacht, die die Sozialpflichtigkeit des Eigentums zugunsten des Individualinteresses neu interpretiert.

Aus diesem Grunde sind auch Erwägungen subjektiver Billigkeit einer Maßnahme[94], ihrer Zumutbarkeit, schon ggf. bei der Güterabwägung heranzuziehen, nicht erst bei der Prüfung der Verhältnismäßigkeit[95]. Denn wenn etwa die Beschlagnahme eines Pferdes als des einzigen geretteten Sachgutes eines Flüchtlings nach dem Reichsleistungsgesetz[96] bei dem Betroffenen einen nachhaltigeren Eingriff bewirkt, als sie auf der anderen Seite nützt, so muß das die Unzulässigkeit dieser Beschlagnahme eben deshalb zur Folge haben, weil hier kein überwiegendes Gemeinschaftsinteresse die Inanspruchnahme des Pferdes überhaupt erlaubt. Ginge es aber darum, sich lediglich die Arbeitsleistung des Tieres am Wohnort seines Eigentümers zu verschaffen, so könnte wohl eine solche Inanspruchnahme „erforderlich" sein, jedoch die Form der Beschlagnahme unverhältnismäßig, weil eine Verschaffung nur der Arbeitsleistung des Tieres durch Zwangsvertrag mit seinem Eigentümer bei gleicher Zweckerfüllung den geringeren Eingriff, also das verhältnismäßige Mittel darstellen würde. Das Bundesverfassungsgericht schaltet mit der Güterabwägung und dem Grundsatz der Verhältnismäßigkeit des Mittels deutlich ein zweifaches Regulativ ein[97]; auch hier werden mit einer Abwägung bereits im Hinblick auf die Erforderlichkeit des Eingriffs Erwägungen subjektiver Zumutbarkeit mit einbezogen[98].

---

[93] A. A. *v. Krauss*, Der Grundsatz der Verhältnismäßigkeit, S. 15 f.

[94] Vgl. OVG Münster, VerwRspr. 4, 600 (601); *v. Krauss*, Der Grundsatz der Verhältnismäßigkeit, S. 16 f.

[95] So aber *v. Krauss*, a.a.O.

[96] So das Beispiel *v. Krauss*, a.a.O., S. 17.

[97] Vgl. BVerfGE NJW 66, 291 (292) — „Eingriffe in die Berufsfreiheit dürfen deshalb nicht weiter gehen, als die sie legitimierenden Interessen erfordern; die Eingriffsmittel müssen zur Erreichung der angestrebten Zwecke geeignet und dürfen nicht übermäßig belastend sein" — unter Bezugnahme auf BVerfGE 7, 377; 13, 97.

[98] Vgl. die sog. „Zumutbarkeitsklausel" (BVerfGE 4, 7 (16); 19, 93 (96), mit deren Hilfe das Gericht die Zulässigkeit von Regelungen im Bereiche der Berufsfreiheit (Art. 12 GG) beurteilt hat. Zu Unrecht wird dieser Rechtsprechung vorgeworfen, sie stelle bloß auf die Zumutbarkeit, also auf ein höchst subjektives Moment ab (*Nipperdey*, GR IV/2 S. 812). Wenn ferner dem Staate in diesem Zusammenhang ein Sozialgestaltungsauftrag im Hinblick auf die „Struktur des Art. 2 I GG als der Magna Charta der sozialen Marktwirtschaft" (*Nipperdey*, a.a.O., S. 812 unten) gänzlich abgesprochen wird, so überzeugt das schon um deswillen nicht, weil *Nipperdey* selbst (a.a.O., S. 813) dem Staat ein solches Gestaltungsrecht im Rahmen der von ihm vertretenen „Gemeinwohlklausel" einräumt.

Schrifttumsverzeichnis*

Abendroth, Wolfgang: Zum Begriff des demokratischen und sozialen Rechtsstaates im Grundgesetz der Bundesrepublik Deutschland, in: Festschrift zum 70. Geburtstag von Ludwig Bergstraesser, Düsseldorf 1954.

— Diskussionsbeitrag, VVDStRL 12, 85 ff.

Bachof, Otto: Das Apothekenurteil des Bundesverfassungsgerichts, JZ 58, 468.

— Reflexwirkungen und subjektive Rechte im öffentlichen Recht, in: Gedächtnisschrift für Walter Jellinek, München 1955, S. 287.

— Verfassungsrecht, Verwaltungsrecht, Verfahrensrecht in der Rechtsprechung des Bundesverwaltungsgerichts, 2. Aufl., Tübingen 1954.

— Begriff und Wesen des sozialen Rechtsstaats, VVDStRL 12, 37 ff.

— Freiheit des Berufs, in: Bettermann - Nipperdey - Scheuner, Die Grundrechte, Bd. III/1. S. 155 ff., zit.: Bachof, GR III/1.

— Verfassungswidrige Verfassungsnormen? in: Recht und Staat, Heft 163/164, Tübingen 1951.

Ballerstedt, Kurt: Über wirtschaftliche Maßnahmegesetze, in: Festschrift für Schmidt-Rimpler, Karlsruhe 1957, S. 369.

— Wirtschaftsverfassungsrecht, in: Bettermann - Nipperdey - Scheuner, Die Grundrechte, Bd. III/1. S. 1 ff., zit.: Ballerstedt GR III/1.

Bettermann, Karl August: Zur Verfassungsbeschwerde gegen Gesetze und zum Rechtsschutz des Bürgers gegen Rechtsetzungsakte der öffentlichen Gewalt, in: AöR 86, 129.

Bonner Kommentar: Kommentar zum Bonner Grundgesetz, 1. Bearbeitung Hamburg 1965, zit.: BK.

Bruns, Rudolf: Recht und Pflicht als Korrespondenzbegriffe des Privatrechts, in: Festschrift für Hans Carl Nipperdey, München und Berlin 1965, S. 3 ff.

Coing: Grundsätzliches zur Rückwirkung von Gesetzen, in: BB 54, 137.

Dernburg, Heinrich: Lehrbuch des Preußischen Privatrechts und der Privatrechtsnormen des Reichs, 1. Band (Die Allgemeinen Lehren und das Sachenrecht), 5. Aufl. Halle/Saale 1894.

v. Doemming - Füßlein - Matz: Zur Entstehungsgeschichte der Grundrechte, in: Jahrbuch des öffentlichen Rechts, Neue Folge Bd. 1, zit.: JbÖffR.

Drath, Martin: Die Grenzen der Verfassungsgerichtsbarkeit, VVDStRL 9, 17 ff.

Dürig, Günter: Grundrechtsverwirklichung auf Kosten von Grundrechten, in: summum ius summa iniuria, Tübingen 1963.

— Das Eigentum als Menschenrecht, ZgesStW 109, 326.

---

* Abkürzungen entsprechen den Empfehlungen von Kirchner, Abkürzungsverzeichnis der Rechtssprache, Berlin 1957.

— Freizügigkeit, in: Neumann - Nipperdey - Scheuner, Die Grundrechte, Bd. II, S. 507 ff. Berlin 1954, zit.: Dürig, GR II.

— Die Menschenauffassung des Grundgesetzes, JR 1952, 259.

— Anmerkung zu BVerfGE 6, 32 (Elfes-Urteil) in JZ 57, S. 169.

— Art. 2 des Grundgesetzes und die Generalermächtigung zu allgemeinpolizeilichen Maßnahmen, in: AöR 79, 57 ff.

— Art. 9 Grundgesetz in der Kartellproblematik, in: NJW 1955, 729.

— Grundrechte und Privatrechtsprechung, in: Festschrift für Nawiasky, München 1956, S. 157 ff.

— Verfassung und Verwaltung im Wohlfahrtsstaat, in: JZ 1953, S. 193 ff.

— Der Grundrechtssatz von der Menschenwürde, Entwurf eines praktikablen Wertsystems der Grundrechte aus Art. 1 Abs. I in Verbindung mit Art. 19 Abs. II des Grundgesetzes, in: AöR 81, 117 ff.

Ehmke, Horst: Grenzen der Verfassungsänderung, 1953.

— Prinzipien der Verfassungsinterpretation, in: VVDStRL 20, 53 ff.

— „Staat" und „Gesellschaft" als verfassungstheoretisches Problem, in: Smend-Festschrift, Tübingen 1962, S. 23 ff.

— Wirtschaft und Verfassung, Karlsruhe 1961.

Esser, Josef: Grundsatz und Norm in der richterlichen Fortbildung des Privatrechts, Tübingen 1956.

Evers: Zur Auslegung von Art. 2 Abs. 1 des Grundgesetzes, insbesondere zur Persönlichkeitskerntheorie, in: AöR 90, 88 ff.

Fechner, Erich: Die soziologische Grenze der Grundrechte, Tübingen 1954.

— Freiheit und Zwang im sozialen Rechtsstaat, Tübingen 1953.

Forsthoff, Ernst: Persönlichkeitsschutz im Verwaltungsrecht, in: Festschrift für den 45. Deutschen Juristentag, Karlsruhe 1964, S. 41 ff.

— Zur Problematik der Verfassungsauslegung, in: res publica, Beiträge zum Öffentlichen Recht, Bd. 7, Stuttgart 1961.

— Begriff und Wesen des sozialen Rechtsstaates, in: VVDStRL 12, 8 ff.

— Verfassungsmäßiger Eigentumsschutz und Freiheit des Berufs, in: Staatsbürger und Staatsgewalt, Jubiläumsschrift zum hundertjährigen Bestehen der deutschen Verwaltungsgerichtsbarkeit und zum zehnjährigen Bestehen des Bundesverwaltungsgerichts, Karlsruhe 1963, S. 19 ff.

— Haben wir zuviel oder zuwenig Staat?, in: Rechtsstaat im Wandel (Verfassungsrechtliche Abhandlungen 1950—1964), Stuttgart 1964, S. 63 ff.

— Die Umbildung des Verfassungsgesetzes, in: Rechtsstaat im Wandel (Verfassungsrechtliche Abhandlungen 1950—1964), Stuttgart 1964, S. 147 ff.

— Die Bindung an Gesetz und Recht (Art. 20 Abs. 3 GG), in: Rechtsstaat im Wandel (Verfassungsrechtliche Abhandlungen 1950—1964), Stuttgart 1964, S. 176 ff.

— Die Bundesrepublik Deutschland, in: Rechtsstaat im Wandel (Verfassungsrechtliche Abhandlungen 1950—1964), Stuttgart 1964, S. 201 ff.

— Der introvertierte Rechtsstaat und seine Verortung, in: Rechtsstaat im Wandel (Verfassungsrechtliche Abhandlungen 1950—1964), Stuttgart 1964, S. 213 ff.

Franz, Günther: Staatsverfassungen, 2. Aufl., München 1964.

Friesenhahn, Ernst: Staatsrechtslehrer und Verfassung, in: Recht — Staat — Wirtschaft, Bd. 3, Düsseldorf 1951, S. 51 ff.
— Die politischen Grundlagen des Bonner Grundgesetzes, in: Recht — Staat — Wirtschaft, Zweiter Band, Stuttgart und Köln 1950, S. 164 ff.

Füßlein, Rudolf: Vereins- und Versammlungsfreiheit, in: Neumann - Nipperdey - Scheuner, Die Grundrechte, Bd. II, Berlin 1954, S. 425 ff.

Gallwas: Der Mißbrauch von Grundrechten, Dissertation München 1961.

Geiger, Willi: Berufsfreiheit und Berufsregelung, in: Staats-Lexikon der Görres-Gesellschaft, Bd. I, 1957.
— Grundrechte, in: Staats-Lexikon der Görres-Gesellschaft, 6. Aufl., Freiburg 1959, Bd. 3.

Gerber, Hans: Die Sozialstaatsklausel des Grundgesetzes, in: AöR 81, 1 ff.

Haas, Diether: Freie Entfaltung der Persönlichkeit, in: DÖV 1954, 70 ff.

Häberle, Peter: Die Wesensgehaltsgarantie des Art. 19 Abs. 2 GG, Karlsruhe 1962.

Hamann, Andreas: Zur Rechtsprechung zu den Artikeln 2 und 3 des Bonner Grundgesetzes, in: DÖV 52, 132.
— Die Freiheit der Persönlichkeitsentfaltung im wirtschaftlichen Bereich, in: BB 1955, 105 ff.
— Das Grundgesetz, Kommentar, 2. Aufl., Neuwied 1961.
— Die verfassungsmäßige Ordnung, in: BB 1957, 229 ff.
— Rechtsstaat und Wirtschaftslenkung, Heidelberg 1953.
— Deutsches Wirtschaftsverfassungsrecht, Neuwied 1958.

Hamel, Walter: Das Recht zur freien Berufswahl, in: DVBl. 1958, 37 ff.
— Die Bedeutung der Grundrechte im sozialen Rechtsstaat, Berlin 1957.

Hartung, Fritz: Die Entwicklung der Menschen- und Bürgerrechte von 1776 bis zur Gegenwart, 3. Aufl., Göttingen - Berlin - Frankfurt 1964.

Heinelt, Ferdinand: Der Begriff „verfassungsmäßige Ordnung" nach dem Grundgesetz über die Bundesrepublik Deutschland vom 23. Mai 1949, Diss. München 1955.

Heller, Hermann: Rechtsstaat oder Diktatur?, in: Recht und Staat, Heft 68, Tübingen 1930.

Hensel, Albert: Die Rangordnung der Rechtsquellen, insbesondere das Verhältnis von Reichs- und Landesgesetzgebung, in: Hdb. d. DStR, Bd. 2, Tübingen 1932, S. 313 ff.

Hesse, Konrad: Die verfassungsrechtliche Stellung der politischen Parteien, in: VVDStRL 17, 11.
— Der Rechtsstaat im Verfassungssystem des Grundgesetzes, in: Festschrift für Rudolf Smend, Tübingen 1962, S. 71 ff.

Hippel, Eike: Grenzen und Wesensgehalt der Grundrechte, in: Schriften zum öffentlichen Recht, Bd. 19, Berlin 1965.

Hippel, Ernst von: Untersuchungen zum Problem des fehlerhaften Staatsakts, Berlin - Göttingen - Heidelberg 1960.

Hofacker, Wilhelm: Grundrechte und Grundpflichten der Deutschen, Stuttgart 1926.

— Die Auslegung der Grundrechte, Stuttgart 1931.

Hollerbach, Alexander: Auflösung der rechtsstaatlichen Verfassung?, in: AöR 85, 241 ff.

Huber, Ernst Rudolf: Rechtsstaat und Sozialstaat in der modernen Industriegesellschaft, in: Schriftenreihe der Verwaltungs- und Wirtschaftsakademie Oldenburg, Heft 1, Oldenburg 1962.

— Wirtschaftsverwaltungsrecht, Bd. I, 2. Aufl., Tübingen 1953.

— Der Streit um das Wirtschaftsverfassungsrecht, in: DÖV 1956, S. 97 ff., 135 ff., 172 ff., 200 ff.

Huber, Hans: Die Verfassungsbeschwerde, in: Schriftenreihe der Juristischen Studiengesellschaft Karlsruhe, Heft 9, Karlsruhe 1954.

— Die Garantie der individuellen Verfassungsrechte, in: Verhandlungen des schweizerischen Juristenvereins, 1936, Heft 1.

Hubmann: Grundsätze der Interessenabwägung, in: AcP 155, 85 ff.

— Der zivilrechtliche Schutz der Persönlichkeit gegen Indiskretion, in: JZ 57, 521.

— Das Menschenbild unserer Rechtsordnung, in: Festschrift für Hans Carl Nipperdey zum 70. Geburtstag, München und Berlin 1965.

Ipsen, Hans Peter: Gleichheit, in: Neumann - Nipperdey - Scheuner, Die Grundrechte, Bd. II, Berlin 1954, S. 111 ff., zit.: Ipsen, GR II, S. 111.

— Über das Grundgesetz, in: Recht — Staat — Wirtschaft, Bd. 2, S. 182 ff.

— Enteignung und Sozialisierung, in: VVDStRL 10, 74 ff.

— Verfassungsfragen zur Handwerksordnung, in: DVBl. 56, 358 ff.

Jaspers, Karl: Philosophie, II. Bd., Berlin - Göttingen - Heidelberg 1956.

Jellinek, Georg: Die Erklärung der Menschen- und Bürgerrechte, dritte Auflage, München und Leipzig 1919.

Jerusalem, Franz W.: Die Grundrechte des Bonner Grundgesetzes und ihre Durchsetzung in ihrer Rechtsprechung, in: SJZ 1950, 1 ff.

Jesch, Dietrich: Gesetz und Verwaltung, Tübingen 1962.

Jeschek, Hans-Heinrich: Pressefreiheit und militärisches Staatsgeheimnis, Berlin 1964.

Kaufmann, Erich: Die Gleichheit vor dem Gesetz im Sinne des Artikels 109 der Reichsverfassung, in: Gesammelte Schriften, Bd. 3, Göttingen 1960, S. 246 ff.

— Grundrechte und Wohlfahrtsstaat, in: Gesammelte Schriften, Bd. 1, Göttingen 1960, S. 589 ff.

— Diskussionsbeitrag, in: VVDStRL 4, 77 ff.

Kimminich, Otto: Zur Theorie der immanenten Schranken des Asylrechts, in: JZ 65, 739 ff.

Kirchner: Abkürzungsverzeichnis der Rechtssprache, Berlin 1957.

Klein, Friedrich: Bonner Grundgesetz und Rechtsstaat, in: ZgesStW 106, 390 ff.

— Von der Zulässigkeit zur Unzulässigkeit rückwirkender Steuergesetze, in: StuW 1954, 4 ff.

Kleinmann, Werner: Die Antragsberechtigung bei der Verfassungsbeschwerde gegen Gesetze, Diss. Tübingen 1963.

Kleiser, Peter: Der Vorbehalt des Gesetzes nach dem Bonner Grundgesetz, Diss. Heidelberg 1963.

Krauss, Rupprecht von: Der Grundsatz der Verhältnismäßigkeit, Hamburg 1955.

Krüger, Herbert: Allgemeine Staatslehre, Stuttgart 1964.

— Grundgesetz und Kartellgesetzgebung, Göttingen 1950.

— Die Einschränkung von Grundrechten nach dem Grundgesetz, in: DVBl. 50, 625 ff.

— Der Wesensgehalt der Grundrechte im Sinne des Art. 19 GG, in: DÖV 55, 597 ff.

— Wirtschaftsverfassung, Wirtschaftsverwaltung, Rechtsstaat, in: BB 1953, 565 ff.

— Diskussionsbeitrag, in: VVDStRL 12, 110 ff.

— Neues zur Freiheit der Persönlichkeitsentfaltung, in: NJW 1955, 201 ff.

Krüger, Hildegard: Buchbesprechung (Eike von Hippel, Grenzen und Wesensgehalt der Grundrechte, Berlin und München 1965), in: DVBl. 65, 661 ff.

Larenz, Karl: Methodenlehre der Rechtswissenschaft, Berlin - Göttingen - Heidelberg 1960.

— Das „allgemeine Persönlichkeitsrecht" im Recht der unerlaubten Handlungen, in: NJW 55, 521 ff.

Laufke: Vertragsfreiheit und Grundgesetz, in: Festschrift für Heinrich Lehmann, 1956, Band 1, Berlin - Tübingen - Frankfurt 1956, S. 145 ff.

Leibholz-Rinck: Grundgesetz, Köln - Marienburg 1966.

Leisner, Walter: Die Gesetzmäßigkeit der Verfassung, in: JZ 64, 201.

— Betrachtungen zur Verfassungsauslegung, in: DÖV 61, 641 ff.

— Grundrechte und Privatrecht, München 1960.

Lerche, Peter: Grundrechte der Soldaten, in: Bettermann - Nipperdey - Scheuner, Die Grundrechte, Bd. IV/1, S. 448 ff., zit.: Lerche GR IV/1.

— Übermaß und Verfassungsrecht, Köln 1961.

— Buchbesprechung (Häberle, Die Wesensgehaltsgarantie des Art. 19 Abs. 2 GG, Karlruhe 1962), in: DÖV 65, 212 ff.

Löffler: Ist die behördliche Genehmigungspflicht für Luftbilder mit dem Grundgesetz vereinbar?, in: DÖV 60, 54 ff.

Mangoldt, Hermann von: Grundrechte und Grundsatzfragen des Bonner Grundgesetzes, in: AöR 75, 273 ff.

— Das Bonner Grundgesetz, Berlin und Frankfurt 1953.

v. Mangoldt - Klein: Das Bonner Grundgesetz, 2. Aufl., Berlin und Frankfurt/Main 1957, Bd. 1.

Maunz: Deutsches Staatsrecht, 14. Aufl., München und Berlin 1965.

Maunz - Dürig: Grundgesetz (Kommentar), München und Berlin.

Maunz - Sigloch - Schmidt / Bleibtreu - Klein: Bundesverfassungsgerichtsgesetz, München und Berlin 1965.

Maurach, Reinhart: Deutsches Strafrecht, Allgemeiner Teil, 2. Aufl., Karlsruhe 1958.

Mayer, Otto: Deutsches Verwaltungsrecht, 3. Aufl., 1. Bd., München und Berlin 1924.

Menger, Christian-Friedrich: Höchstrichterliche Rechtsprechung zum Verwaltungsrecht, in: Verwaltungsarchiv 1957, Bd. 48, 262 ff.

— Höchstrichterliche Rechtsprechung zum Verwaltungsrecht, in: Verw.Archiv 1964, Bd. 55, 73 ff.

— Der Begriff des sozialen Rechtsstaates im Bonner Grundgesetz, in: Recht und Staat, Heft 173, Tübingen 1953, zit.: Menger, Sozialer Rechtsstaat.

Merk: Diskussionsbeitrag, in: VVDStRL 12, 99 ff.

Müller, Jörg Paul: Die Grundrechte der Verfassung und der Persönlichkeitsschutz des Privatrechts, Bern 1964.

Naumann, Richard: Grundlagen und Grenzen der Berufsfreiheit, in: JZ 51, 423 ff.

Nawiasky, Hans: Die Grundgedanken des Grundgesetzes für die Bundesrepublik Deutschland, Stuttgart 1950.

— Diskussionsbeitrag, in: VVDStRL 4, 90.

Nipperdey: Die Würde des Menschen, in: Neumann - Nipperdey - Scheuner, Die Grundrechte Bd. II, Berlin 1954, S. 1 ff., zit.: Nipperdey GR II.

— Freie Entfaltung der Persönlichkeit, in: Bettermann - Nipperdey, Die Grundrechte, Bd. IV, 2, Berlin 1962, S. 741 ff., zit.: Nipperdey, GR IV, 2.

Noltenius: Die freiwillige Selbstkontrolle der Filmwirtschaft und das Zensurverbot des Grundgesetzes, in: Göttinger rechtswissenschaftliche Studien, Bd. 23, Göttingen 1958.

Pestalozza, Graf von: Kritische Bemerkungen zu Methoden und Prinzipien der Grundrechtsauslegung in der Bundesrepublik Deutschland, in: Der Staat, 1963, 425 ff.

Peters, Hans: Die freie Entfaltung der Persönlichkeit als Verfassungsziel, in: Festschrift für Rudolf Laun, Hamburg 1953.

— Das Recht auf freie Entfaltung der Persönlichkeit in der höchstrichterlichen Rechtsprechung, Köln und Opladen 1963, zit.: Peters, Das Recht.

Planitz, Hans: Zur Ideengeschichte der Grundrechte, in: Nipperdey, Die Grundrechte und Grundpflichten der Reichsverfassung, 3. Band, Berlin 1930.

Prinz, Gerhard: Die Begriffe „verfassungsmäßige Ordnung im Bonner Grundgesetz“, Diss. Köln 1954.

Raiser: Vertragsfreiheit heute, in: JZ 58, 1 ff.

— Über den rechten Gebrauch der Freiheit, in: liberal — Beiträge zur Entwicklung einer freiheitlichen Ordnung, 1965 Heft 1/2, S. 40 ff.

Ridder, Helmut: Zur verfassungsrechtlichen Stellung der Gewerkschaften im Sozialstaat nach dem Grundgesetz für die Bundesrepublik Deutschland, Stuttgart 1960.

Röhl, Hellmut: Die Nennung des eingeschränkten Grundrechts nach Art. 19 Abs. 1 Satz 2 des Grundgesetzes, in: AöR 81, 195 ff.

Roemer, Walter: Zum Grundrecht der freien Entfaltung der Persönlichkeit, in: Festschrift Deutscher Juristentag, Bd. 1, 1960, S. 545 ff.

Rohde-Liebenau: Grundrechte und Polizei, in: DÖV 57, 472 ff.

Rupp, Hans Heinrich: Grundfragen der heutigen Verwaltungsrechtslehre, Tübingen 1965, zit.: Rupp, Grundfragen.

— Das Grundrecht der Berufsfreiheit, in: NJW 65, 993 ff.

— Privateigentum an Staatsfunktionen?, in: Recht und Staat, Heft 278.

— Beweisverbote im Strafprozeß in verfassungsrechtlicher Sicht, in: Verhandlungen des sechsundvierzigsten Deutschen Juristentages, Band I (Gutachten) Teil 3 A, Essen 1966, München und Berlin 1966.

— Das Urteil des Bundesverfassungsgerichts zum Sammlungsgesetz, in: NJW 66, 2037 ff.

Salomon, Klaus-Dieter: Der soziale Rechtsstaat als Verfassungsauftrag des Bonner Grundgesetzes, Köln 1965.

Seifert, Karl-Heinz: Zur Rechtsstellung der politischen Parteien, in: DÖV 56, 1 ff.

Smend: Das Recht der freien Meinungsäußerung, in: Staatsrechtliche Abhandlungen, Berlin 1955, 95 ff.

— Bürger und Bourgois im deutschen Staatsrecht, in: Staatsrechtliche Abhandlungen, Berlin 1955, S. 309 ff.

Stammler, Rudolf: Lehrbuch der Rechtsphilosophie, Berlin und Leipzig 1922.

Stree, Walter: Deliktsfolgen und Grundgesetz, Tübingen 1960.

Strickrodt, Georg: Die Idee der Wirtschaftsverfassung als Gestaltungs- und Interpretationsprinzip, in: JZ 57, 361 ff.

Schätzler: Bundesverfassungsgericht und verfassungsmäßige Ordnung, in: NJW 57, 818 ff.

Scheuner, Ulrich: Die institutionellen Garantien des Grundgesetzes, in: Recht — Staat — Wirtschaft, Bd. 4, Düsseldorf 1953, S. 88 ff.

— Grundfragen des modernen Staates, in: Recht — Staat — Wirtschaft, 3. Bd., Düsseldorf 1951, S. 126 ff.

— Pressefreiheit, in: VVDStRL 22, 1 ff.

— Der Inhalt der Koalitionsfreiheit, in: Weber - Scheuner - Dietz, Koalitionsfreiheit, Berlin und Frankfurt 1961, S. 29 ff.

— Das Grundrecht der Berufsfreiheit, in: DVBl. 58, 845 ff.

— Die neuere Entwicklung des Rechtsstaats in Deutschland, in: Festschrift zum hundertjährigen Bestehen des Deutschen Juristentages 1860—1960, Bd. II, Karlsruhe 1960, S. 229 ff.

— Grundrechtsinterpretation und Wirtschaftsordnung, in: DÖV 56, 65 ff.

— Die staatliche Intervention im Bereiche der Wirtschaft, in: VVDStRL 11, 1 ff.

Schindler, Dietrich: Recht — Staat — Völkergemeinschaft, Ausgewählte Schriften und Fragmente aus dem Nachlaß, Zürich 1948.

Schmidhäuser, Eberhard: Von den zwei Rechtsordnungen im staatlichen Gemeinwesen, Berlin 1964.

Schmitt, Carl: Grundrechte und Grundpflichten, in: Verfassungsrechtliche Aufsätze aus den Jahren 1924—1954, Berlin 1958, S. 181 ff.

— Verfassungslehre, 3. Aufl., Berlin 1957.

Schneider, Peter: Prinzipien der Verfassungsinterpretation, in: VVDStRL 20, 1 ff.

Schnur, Roman: Pressefreiheit, in: VVDStRL 22, 201 ff.

Scholtissek, Herbert: Innere Grenzen der Freiheitsrechte, in: NJW 52, S. 561.

Schumann, Ekkehard: Verfassungs- und Menschenrechtsbeschwerde gegen richterliche Entscheidungen, Berlin 1963.

Schwinge, Erich: Der Methodenstreit in der heutigen Rechtswissenschaft, Bonn 1930.

Thieme, Werner: Berufsfreiheit und Verwaltungsmonopole, in: JZ 61, S. 280 ff.

— Liberalismus und Grundgesetz, in: ZgesStW 113, 285 ff.

Thoma, Richard: System der subjektiven öffentlichen Rechten und Pflichten, in: Anschütz - Thoma, Handbuch des Deutschen Staatsrechts, Tübingen 1932, Bd. 2, S. 607 ff.

— Die juristische Bedeutung der grundrechtlichen Sätze der Deutschen Reichsverfassung im allgemeinen, in: Nipperdey, Die Grundrechte und Grundpflichten der Reichsverfassung, Bd. I, Berlin 1929, S. 1 ff.

Triepel, Heinrich: Diskussionsbeitrag, in: VVDStRL 7, 194 ff.

Uber: Freiheit des Berufs, Hamburg 1952.

Ven, J. J. van der: Grundrechte und Geschichtlichkeit, Marburg 1960.

Viehweg, Theodor: Topik und Jurisprudenz, München 1953.

Voigt, Alfred: Geschichte der Grundrechte, Stuttgart 1948.

Weber, Werner: Spannungen und Kräfte im westdeutschen Verfassungssystem, Stuttgart 1951.

Wehrhahn, Herbert: Systematische Vorfragen einer Auslegung des Art. 2 Abs. I GG, in: AöR 82, 250 ff.

Wertenbruch, Werner: Der Grundrechtsbegriff und Art. 2 Abs. 1 GG, in: DVBl. 58, 481 ff.

— Grundgesetz und Menschenwürde, Köln - Berlin 1958, zit.: Menschenwürde.

Wintrich, Josef: Aufgaben, Wesen, Grenzen der Verfassungsgerichtsbarkeit, in: Festschrift zum 75. Geburtstag von Hans Nawiasky, München 1956.

— Über Eigenart und Methode verfassungsrechtlicher Rechtsprechung, in: Festschrift für Wilhelm Laforet, München 1952, S. 227.

— Schutz der Grundrechte durch Verfassungsbeschwerde und Popularklage, Regensburg 1950, zit.: Wintrich, Schutz der Grundrechte.

— Zur Auslegung und Anwendung des Art. 2 Abs. 1 GG, in: Festschrift für Willibald Apelt, 1958, S. 1 ff.

— Zur Problematik der Grundrechte, in: Arbeitsgemeinschaft für Forschung des Landes Nordrhein-Westfalen, Heft 71, Düsseldorf 1956.

Wolff, Bernhard: Die Rechtsprechung des Bundesverfassungsgerichts von 1957 bis 1959, in: JböffR NF Bd. 9, S. 69 ff.

Zeidler, Karl: Nachprüfung von Gesetzen im Rahmen der Verfassungsbeschwerde gemäß §§ 90 ff. BVerfGG, in: DÖV 54, 420 ff.

Zeidler, Wolfgang: „Die verfassungsmäßige Ordnung", in: BB 57, 341 ff.

Zippelius, Reinhold: Das Verbot übermäßiger gesetzlicher Beschränkung von Grundrechten, in: DVBl. 56, 353 ff.

— Wertungsprobleme im System der Grundrechte, München 1962, zit.: Zippelius Wertungsprobleme.

Zweigert, Konrad: Die Verfassungsbeschwerde, in: JZ 52, 321 ff.